あなたの疑問に答える

続・仏教なんでも相談室

鈴木永城
Eijou Suzuki

老人ホームに入ったことを後悔

お盆の由来

何回忌までするべきか

結婚するが老いた母が気がかり

日本のクリスマスをどう思うか

過去帳とは何か

母の介護にイラだっている

職場の部署と仕事にウンザリ

夫と同じ墓に入りたくない

「終活」とは何か

子どもにスマホをねだられる

大法輪閣

まえがき

拙著『あなたの疑問に答える　仏教なんでも相談室』が、大法輪閣《だいほうりんかく》から発行されたのは、二〇一三年（平成二十五年）十一月八日のことでした。

あれから、すでに五年の歳月が過ぎようとしていますが、その節目に当たり、今般、「続篇《ぞくへん》」となる本書『あなたの疑問に答える　続・仏教なんでも相談室』を刊行する運びとなったことは、〝想定外〟。何よりの喜びです。

そもそもの事の始まりは、月刊誌『大法輪』（大法輪閣刊）での連載、「仏教なんでも相談室」にあります。これは、「一般からの悩みや疑問に、仏教者の立場で回答する」、という内容で、『大法輪』二〇〇三年（平成十五年）四月号を皮切りに、スタートしました。

それ以来「仏教なんでも相談室」は、お陰様でストップがかかることなく、現在も連載中です。

ちなみに、『大法輪』二〇一八年（平成三十年）十一月号掲載分をもって、百六十七回に達します。

〈いつ、肩をたたかれるだろう〉、と思うこともありましたが、〈よくぞここまで継続出来たものだ〉、と我ながら感心しています。これも一重《ひとえ》に『大法輪』との深い仏縁によるもの、と改めて感謝いたします。

世相を見渡しますと、今や「人生百歳時代」とか。なるほど平均寿命も年々、右肩上がりで伸びております。連載「仏教なんでも相談室」も、「長寿者」であり続けられるよう、今後も、惜しみなく努力をはらうつもりです。そこで、本書をお読みになられた皆様には、『大法輪』での連載にも、ぜひ、ご注目願いたいと存じます。

先ほど、寿命ということに触れましたが、最近しきりに、「健康寿命」が取り沙汰されています。医療や福祉の分野では、すでに、ＱＯＬ（クオリティ・オブ・ライフ）がさけばれています。双方とも、身体的な面から数や量で推《お》し測《はか》る従来的傾向を改善し、精神的な豊かさ、生きがいに通じる、質的向上をめざそうとする点で共通しています。

こうした世の中の動向を垣間《かいま》見て、フト思ったことがあります。

それは、実は遥《はる》か昔から、仏教が民衆に問いかけてきたこと。そのための、望ましいあり方を説いてもいるわけです。わかりやすく一例を挙げるなら、釈尊《しゃくそん》は寿命について、〈どれだけ生きるかの追求でなく、どのように生きるかが最も重要だ〉、と示されています。

この点からしても、仏教は葬祭だけの道具立てではなく、また棺桶という型枠《かたわく》にのみ、押し込んではならないと思うのです。教えを糧《かて》として、現実社会に浸透させ、定着させていく――。その実践方法はさまざまあると思いますが、今の私にとってこの「相談室」活動は、僧侶としての拠《よ》り所《どころ》、といった存在です。

ここを窓口として、人々の仏教に対する疑問、あるいは人生の苦悩に接する。それは、「自利利《じりり》他《た》」の菩薩行《ぼさつぎょう》からしても、極めて意義があることだ、といささか手前味噌ながら感じています。

というのも、私の出家の動機には、多感な年頃も手伝って、〈仏教と社会を結ぶかけ橋になりたい……〉。そんな思いもあったからでした。また、かれこれ二十四年間、「仏教情報センター」に身を置いたのも、その延長線だったようです。

仏教情報センターでの活動は多岐に渡りましたが、「仏教テレフォン相談」のみならず、事務局の一隅《いちぐう》での「面接相談」。病院や自宅への「訪問相談」に関わった影響も考えられます。とりわけ訪問相談の多くは、終末期にある方々でした。

いうまでもなく、相談者は不特定多数。しかも、直《じか》に声に接するのですから、話の筋道は疎《おろ》か、まとまりの欠けた流れになりがちです。〝尻切れ蜻蛉《とんぼ》〟で終わることさえあります。

その点からすれば、文章によるものは、話の趣旨の整理がはかれます。読み直しも効き、何よりも多くの人が、個人の悩みや疑問を共有出来る。同じ立場に立って考えられる、という利点が挙げられるでしょう。こうして、期間にすれば十五年余り、誌上相談に接してきたわけです。

今回、既刊本の中には収録出来なかった記事、新たな記事の中から選別し、これに加筆修正をほどこし、「続篇」として発刊する運びとなりました。

もとより本書は、仏教の解説書ではありません。いわば「仏教よもやま話」ですから、気軽にお読みいただけるものと思います。その中の時事問題に関わる部分には、すでに時代遅れになった話題も、いくつか目につきますが、科学は急速に進歩しても、どこまで行っても〈人間だもん！〉。つまり、時代遅れの話題であっても、人間の変わることのない、「本質」が見えてきます。そのようにご理解の上、お読みいただけたら幸いです。

このたびの発刊に際しては、前回に増して大法輪閣編集部・佐々木隆友氏のお力添えをいただきました。厚く感謝の意を表します。

また日頃は、私の文書伝道に深く携わっている、よき〝相棒〟、群馬県雲龍寺副住職・伊東俊道師にも、お世話をかけました。

私は、「仏教の現代社会に果たす役割り」を思い続けている僧侶の一人ですが、今後も、仏教が人々にとって、身近で親しい存在なのだ、と認識を深めていただけるよう、私なりの研鑽を重ねたいと願っております。

あこがれし墨染《すみぞめ》の道踏み分けり
葛折《つつらおり》行く　法《のり》を灯して

※葛折とは蔓《つる》のように幾重にも曲がりくねった坂道。ここでは困難と複雑な人生・社会を意味している。

平成三十年 十月 吉日

著者　鈴木永城

目次

第二章　生きることの悩み

第三章 浮世をみつめて

第四章 仏事の疑問

装幀……福田 和雄（FUKUDA DESIGN）

第一章

老いと死の悩み

① 長寿であることを悔やんでいる

質問

最近、足腰の衰《おとろ》えとモノ忘れがひどく、家族にも疎《うと》まれ、長寿を悔やんでいます……。どうしたらいいでしょうか？

（二〇一五年十二月の質問）

――〈回答〉――

私も満七十二歳（本稿執筆時）となり、身体の節々に、潤滑油《じゅんかつゆ》の足りなさを痛感している一人です。これればかりは、自分の力だけで克服することは困難。いずれ、医師と薬の効能に頼るやも知れません。

そこで、ジタバタしても仕方ない、と心に決め、だだっ子の頭をなでるように、患部を、宥《なだ》め賺《すか》しています。時には――、

使い古した下着のゴムは
引いても押しても縮みゃせん

などと狂歌まがいを拈《ひね》ったり、「こむら返り」の激痛には、〈いたいのいたいの　とんでゆけェー〉と、夜な夜な童心にかえって揉《も》み解《ほぐ》したり……。

というように、少しでも気分を紛《まぎ》らすべく、あれこれ工夫をしています。

記憶力も、年々乏《とぼ》しくなっていくようです。

長寿であることを悔やんだりせず、
楽天的になりましょう。

それでも物は思いようで、とぼしいと実感できるのは、まだまだ一縷《いちる》の望みがあるということ。その一方、たわいのないことを、かなり鮮明に憶えているから妙です。

その一つが、亡くなった噺家《はなしか》・立川談志師の小話《こばなし》で、医者と患者のやりとりです。

「先生。近頃、モノ忘れがひどくて……」

「ホゥ。モノ忘れがひどい。それで、それはいつ頃から？」

「ハァ？　何がです？」

何がです？　が「落ち」なのでしょうが、モノ忘れがひどい人に、「いつ頃から？」、と聞く方も聞く方で、これも面白い。

口演する表情、台詞《せりふ》回しも脳裏に浮かんできて、しばらくの間、記憶力の憂《うれ》いを忘れていました。そんなこんなで、これからは物事を楽天的に受けとめよう、と一句に認《したた》めました。

物忘れ悔いて欠かさぬ晩の酒

ところが、そうアッケラカンでもいられない〝ご時世〟です。外出中のガスの元栓、サイフの入れ忘れ、置き忘れなど、気になる老人は多いようです。それ以上に深刻なのが、不審な電話、オレオレサギ。何ごとにも、気配りは欠かせません。

しかし必要以上に恐れる余り、かえってウッとした暗い穴倉に、自分自身を追い込んでしまいかねません。

その心の闇から、鎌首をもたげるものは何かといえば、「疑心暗鬼《ぎしんあんき》」。これは「疑心暗鬼を生ず」あるいは「疑えば目に鬼を見る」ともいって、疑心が起こると、ありもしない恐しい鬼の形が見えるようになる。つまりこの鬼とは、妄想に他なりません。不安や不信、と置きかえてもよいと思います。

たとえば、〈足腰が衰えモノ忘れがひどくなった私を、家族や周囲の人は、白眼視しているのではないか〉、と訝《いぶか》る。それが高じて〈老いたくて老いたんじゃない。これまで家のためにどれほど苦労したか！〉、という遣《や》る瀬《せ》なさ、いらだちともなります。

また、本人は老いのありのままを語ったつもりでも、いつもとなると、聞く側は〈また愚痴がはじまった〉、と耳をふさいでしまいます。それが当事者には、〈誰もわかってくれない……〉となる。これが擦《す》れ違い、疎遠《そえん》の元にもなるのです。

悩み事相談というより、愚痴話に接したことがあります。要約すると——、

七十八歳。五年前に女を囲って出ていった夫が、ヒョッコリ帰ってきた。温暖な千葉で、ガーデニングなどして暮らそうと……。でも声を聞くのも顔を見るのも嫌。鳥肌が立つほどです。

息子夫婦と同居していて、嫁ときたら家事はまるでダメ。息子と孫が可愛そうだから一緒にいるようなもの。

その点、娘はよく出来た子で、私を心配して電話をくれる。〈ママも権利があるんだから、その分もらって、私の所に来ちゃいなさい〉。やっぱり実の子。でもムコには気がねがある。

それで、アパートでも借りて住もうかと……。といって女の一人身、いかがなものか？

なるほど相談者にしてみれば、やりきれないことばかりなのでしょう。しかし、家族関係のみならず、人は、どこかで許す、認める心がなければ、安らいで暮らせる場所など、この地上のどこにあるのでしょう。そう考えさせられました。

最近、「健康寿命」について、テクテク（運動）、カミカミ（食事）、ニコニコ（笑顔・明朗）、そしてドキドキ・ワクワク（感動）が大切だといわれます。心の転換をはかってみてはどうでしょう。

禅の言葉に「天上の月を貪《むさぼ》り見て掌中《しょうちゅう》の珠を失脚す」とあります。視点を変えれば、尊ぶべきは何かが、身近に見えてきます。

そして、私の尊敬するある老師様は、

「生涯修行　臨終定年」

と示され、その通り生ききりました。

② 老人ホームに入ったことを後悔

質問

老人ホームに住んでいます。ギクシャクとした狭い社会で、入居を悔やむ毎日です。どうしたらいいでしょう？

（二〇一五年七月の質問）

―― 〈回答〉 ――

私が、まだ二十代半ばの頃。教化《きょうか》研修の一環として、三カ所の老人ホームで月一回ずつ「法要・法話の集《つど》い」を開いていました。

そこで何度か、業《ごう》（身《しん》＝身体・口《く》＝言葉・意《い》＝心などの行為）を剥《む》き出しにしたような、老人同士の闘《せめ》ぎ合いを垣間見《かいまみ》ました。若い私たちには、祖父母ほどの人たち。かなりのショックでした。

勿論《もちろん》、慎《つつし》み深い人、穏やかな人、陽気な人、気配りの人、気品のある人、重厚《じゅうこう》さを感じさせる人たちもいて、〈やがて歳を取ったら、こうありたい〉と、一種、あこがれのような思いをいただいたものです。

それでいながら、全体の印象としては、どうしても「ナマナマしい人間模様」が残像のように、今も目に焼きついて離れません。

ご指摘にあるように、いくら施設が向上し、「箱物《はこもの》」が快適になっても、そこに住む人々の精神性までが、それに正比例《せいひれい》するわけではありません。こうした人間関係の縺《もつ》れは、老人ホームに限らず、社会全般にもいえることです。

では、「どのように生きるべきか」。

といっても、どことなく茫洋とした大海に似て、掴《つか》みどころがありません。敢えていえば、生き方とは「如何《いか》に見て、どう受け入れるか」なのだと思います。

ものの見方が、生き方を左右するのです。仏教には、「五見《ごけん》」（五つの誤ったものの見方）という教えがあります。

・身見《しんけん》＝自分の立場・境遇などを全てに優先させて扱う。
・辺見《へんけん》＝一方的・一面的に物を見、判断してしまう。
・邪見《じゃけん》＝因果の道理に暗く、邪《よこしま》な考えに走る。
・見取見《けんじゅけん》＝自分の思い込みを肯定《こうてい》し、決めたことに執着する。
・戒《かい》（禁《ごん》）取見《じゅけん》＝正しくない制度でも、それを鵜呑《うの》みにして譲らない。

仏教では、「見」を「見る働き」の意味とは別に、「偏《かたよ》ったモノの見方」という意味でも用いています。

たとえば、北陸新幹線の開通によって、終着駅・金沢が〝超特急〟の勢いで脚光を浴び、行楽客が一挙に三倍になったとか。しかし鉄道がさらに延長して、途中駅の一つになったらどうでしょうか。移り往《ゆ》くのは「人の目」。固定した価値観に、安住してはいられません。

他方、蔵王《ざおう》や箱根山が、火山性群発地震に見舞われ、温泉街は戦々恐々《せんせんきょうきょう》としています（本稿執筆時）。風評被害は旅館ばかりか関連の業界にも、徐々に裾野《すその》を広げていると聞きます。

しかし温泉と火山は、切っても切れない関係です。これは、仏典にある吉祥天《きちじょうてん》（幸福の女神）と黒耳天《こくにてん》（不幸の女神）の物語を彷彿《ほうふつ》とさせます。両者は一卵性双生児《いちらんせいそうせいじ》の姉妹で、いつも仲良く一緒にいる。つまり幸福と不幸、明と暗は表裏一体だということです。

好ましいほうだけを招き入れ、もう一方はご免蒙《めんこうむ》りたい。それは人間臭い計《はか》らいであって、因果《いんが》・因縁《いんねん》、自然の摂理からすれば、昧《くら》ますことは出来ません。

古川柳に――

川留《かわどめ》に腹の立つほど富士が晴れ

とあります。これは五月雨《さみだれ》の季節（新暦では五月下旬～七月中旬頃まで）かと思います。サは五月、ミダレは水（が）垂《た》（れる）の意といわれます。

五月雨を集めて早し最上川《もがみがわ》

と芭蕉《ばしょう》は吟《ぎん》じましたが、この川柳句の方は富士ですから、大井川《おおいがわ》でしょうか。

ともあれ増水と急流……。いつ解禁となるか、ヤキモキしながら〝待ち惚《ぼう》け〟の日々が続きます。

そんな折りも折り、富士山がクッキリと天空にそそり立った。普段なら、歓声の一つも上がるところでしょうが、その晴れがましさが、逆に恨み辛《つら》みを募《つの》らせたのでしょう。治まらないのは増水だけでなく、その人の腹の虫だから、始末が悪い。

〈川留に遭《あ》ったお陰で、稀《まれ》でしかない霊峰《れいほう》富士が拝めた。ヤレ有難《ありがた》や〉とは思えない。それは何故か。目先のことに執着する余り、心眼《しんがん》が機能しないためなのです。

世の中には人知では予測できないことがあります。その場面に出会《でくわ》して、はじめてその真の姿がわかることもあるでしょう。

禅語に「流れに随《したが》い、流れに委《ゆだ》ねず」とあります。一見、矛盾しているようですが、この随うを、「事実に対して自覚を深める」と読みかえせば、「自己に対して謙虚になる」。委ねずを、納得しやすいように思います。

もう一つ。中国は唐《とう》の時代、瑞巌師彦《ずいがんしげん》という禅匠がおられました。この方には、自分自身に「主人公《しゅじんこう》」と呼びかけては、「喏《じゃ》（ハイ）」と自分で答えたという、自覚と謙虚さに富んだ話があります。

「主人公」、「喏」。「惺々著《せいせいじゃく》（ボヤッとせず、目をしっかり開けておけ！）」、「喏」。「他時異日《たじいじつ》（いつでもどこでも）、人の瞞《まん》（あざむき）を受くること莫《なか》れ。」、「喏々」。

これなどは、振り込めサギの対処法にも通じそうです。「水遣《みずや》りがすむと怪《あや》しい空模様」（永）。そんな日でも目を凝《こ》らせば、辺《あた》りは「住めば田舎も名所」。心の窓を広く解放してみれば、景色も変わって見えるでしょう。

③ 認知症が恐いが頼れるものがない

質問

認知症を恐れながら、一日の大半はテレビが友の老後。頼れる何かが見当たりません。どうすればいいでしょうか？

（二〇一八年六月の質問）

――〈回答〉――

子ども時分《じぶん》を振りかえりますと、〈早く大人になりたい〉、と思ったものですが、その大人も大人、いざ高齢期に立ってみると、歳月の余りの早さに驚かされます。

これを「箱根駅伝」に譬《たと》えると、権太坂《ごんたざか》あたりで、他の走者（時間）にグングン抜かれていく――。相手はマイペースで息切れがありません。そんな焦《あせ》りさえ覚えます。

まさに『修証義《しゅしょうぎ》』が示す通り、

「命は光陰《こういん》に移されて暫《しばら》くも停《とど》め難《がた》し、紅《こう》顔《がん》いずくへか去りにし、尋《たず》ねんとするに蹤跡《しょうせき》なし」

とは、このことです。

〈だからこそ、一日一日の暮しぶりが大切なんだ〉、と思いつつも、常日頃の雑念と惰性《だせい》に流されてしまう。これは私の、いつわらざる実感でもあります。

歌人の扇畑忠雄《おうぎはたただお》氏（一九一一～二〇〇五年）が、季刊『仏教』（No.42＝法蔵館発行）の中で、次のようなご自身の一首を挙げています。

生きてみてこんなものかという声す
　自らの声か或いは死者の

そして、この歌に込めた「老」に対する切実な真情を、こうも語っています。

「『生きてみてこんなものか』とは、（略）一種の自嘲と悔恨の情も否定はできないが、それよりもむしろ諦念に近いものと言ってよいかも知れない」

この「諦念」を、『広辞苑』ではテイネンと読ませ、「道理をさとる心。また、あきらめの気持」、と二通りの意味を掲げています。

一方、仏教語としての音は、タイネンで、「諦」は、真実として明らかなこと。あるいは明らかにすること。ですから、仏教的には、あきらめとか断念とは区別されます。

扇畑氏は、その辺《あた》りにも触れて、

「老年にとって（略）、肉体も精神も衰退するのは当然であるが、（略）恐れることなく『死』に対峙するところから、『生』の復活がもたらされる。『死』と紙一重なる『老』を自覚してはじめて『老』を超克し、精神の活動を回復させることができよう」

そして、それを下支えするのは、「内的な力」だ、ともいっておられます。

論調としては、いささか哲学的ですが、平たく解釈すれば、〈年を取ったら、何も彼も枯渇《こかつ》してしまう〉、というのは思い込みにすぎない。だから虚脱感が生じ、何も手につかなくなる。

そうではなく、老齢者にも内的な力は具《そな》わっているのだから、それを発揮すれば、十分、心を満たすことが出来るはずである——、ということになると思います。

ついでながら、幕末の尊皇派志士《そんのうはしし》・高杉晋作《たかすぎしんさく》の、代表的な一首を紹介することにします。晋作は、二十九歳で病死するのですが、その辞世の句とされているのが、

面白きこともなき世を面白く
住みなすものは心なりけり

というものです。

ここで教えられるのは、住み成す工夫です。それによって、状況はかなり異なってきます。吉永小百合の歌を借りれば、♪北風吹きぬく寒い朝も　心ひとつで　暖かくなる——、これです。

「テレビが友」の話が出ましたが、若者はスマホ。老人にとっては、テレビは手軽な娯楽です。

ただ注意を要するのは、見させられる、聴かされるという受身だけでは、脳の活性化は覚束《おぼつか》ないのではないでしょうか。むしろ、見取る聞き取る。この「取る」という働きかけが大事に

なります。

無理に勧《すす》めはしませんが、その点では、テレビよりラジオのほうがよいように思えます。医学のことはわかりませんが、想像する余地がありますから、「頭の体操」にはなるはずです。

漢字や、数字を使ったクロスワードパズルも、老人の間で流行《はや》っているそうですが、私は最近、〝小話《こばなし》作り〟に興じています。

はじめた頃は、駄ジャレばかりでした。たとえば、「この蛇、ばかに大きいネ」、「ヘビーでしょ」。「町内会長さんは、ご高齢なのに元気ですね。その秘訣は？」、「腸内快調です」。

話を組み立て、それを聞かせてオチを考えてもらう。それによって、自分も楽しみ、人にも結構、楽しんでもらえますから「一石二鳥」。仏教的にいえば「自利利他一如《じりりたいちにょ》」といったところです。何より、笑いは健康のバロメーターですから……。

「さぁ、おばあちゃん、認知症の検査ですよ。音楽の問題です。ド・レ・ミ・ファ、その次は？」

「ソだね」（これは平昌《ピョンチャン》オリンピックでの日本女子カーリングチームがヒント）

「おじいちゃん、ド・レ・ミ・ファ、その次は？」

「ラだね」（ソの次だから）

ともかく、「頼れる何か」を限定したり、特別扱いしたりすると、かえって見つけづらいものです。「失せ物《う》」も、遠くに目が行きがちです、どうぞ身近な所から、心の働き、身体の働きをさがしてみてください。

④ 結婚するが老いた母が気掛かり

質問

女手一つで育てられ、今月、嫁《とつ》ぎますが、老いた母が気掛かりでなりません。どんな心の持ち方をするべきでしょう？

（二〇一七年十月の質問）

――〈回答〉――

一年の中でも、十月は挙式に最適とされ、式場も、かなり集中すると聞きます。それは、気候からしても暑からず寒からず、晴れの日も多いことが理由のようです。

しかし、必ずそうなる、とは保証の限りではありません。

ある結婚披露宴での、私のスピーチ。午前中は晴天だったので、〈お二人の前途を祝福するような、雲一つない……〉、そういうつもりだったのです。

ところが、出番が近づく頃から、生憎《あいにく》の雨。

そこで咄嗟《とっさ》に、〈エー、雨降って地《じ》固まると申しますが……〉。実は私の心境も、一天にわかにかき曇っていたのです。
自然はおろか人生も同様、なかなか好《い》いこと尽《づくめ》とはいきません。昔の人も、「苦楽は生涯の道づれ」、といっています。あなたも、そんなスタート地点に立っているようです。
話は変わりますが、私は最近、積水《せきすい》ハウスのCMにハマッテいます。
小学校帰りの少女と、捨てられた子犬の出会いふれ合いが、音楽と、映像だけで物語は進行していきます。
そして場面は一転。ここからは嫁ぎ行く娘さんと、すでに年老いた犬が向き合い、会話を交わす情景です。
娘〈はじめて会った時のこと憶《おぼ》えてる？〉
犬〈何かさびしそうだった〉
娘〈そっちだってさびしそうにしてた〉
犬〈アハハハ〉
娘〈何かさぁ、おばぁちゃんになったね〉
犬〈そりゃ年もとりますよ〉
娘〈ちょくちょく帰って来るからね〉
犬〈たまにでいいよ〉
娘〈じゃあね〉
犬〈じゃあね〉
娘〈じゃあね〉
少々注釈を加えますと、犬の寿命は、種類によって異なりますが、人間の四倍〜七倍とされ、仮に十六歳の長寿犬だとすると、七十八歳以上になるともいわれています。
何でこんな話をしたかというと、あなたが老母を思う気掛かりに、直接は関わりないのですが、どことはなしに、母と娘の人情味にあふれているように思えるからです。

子犬の歳月は足早やに過ぎ、〝おばあちゃん犬〟となった今、そこに、嫁ぎ行く娘への深い母性が感じられてなりません。

〈ちょくちょく帰って来るからね〉。これはあたかも、老いた母への労《いたわ》りでしょう。

それに対して老犬は、何と答えましたか？

〈たまにでいいよ〉――。さびしさを堪《こら》えながら、巣立ちしていく娘を見守る母のまなざしに似て、目頭が熱くなります。

そして最後の行《くだり》は、〈じゃあね〉〈じゃあね〉ですが、さりげないその一言に、万感《ばんかん》の思いが込められている。それが、十分に、おたがいの心に通じあっているのです。

私は、この名ドラマともいうべきＣＭを語ることによって、あなたとお母さんの置かれた立場、心情を、代弁しているような気持ちになっています。

さぞかし、後髪を引かれる思いなのでしょう。仏教では、これを「愛別離苦《あいべつりく》」（いとしきものと別離する苦しみ）といっています。

しかし、雛鳥《ひなどり》が成長し、巣を離れ去るように、人もまた、新たな一家を構えることは、自然の摂理でもあり、世の習いでもあります。

今時、流行《はや》りのルンルン気分はいただけませんが、賽子《さいころ》を振った以上は、ともかく前に進むのみです。

現代は昔と違い、交通の便も格段に進歩しています。気持ちさえあれば、会うことができます。また電話やメールで、音信は可能です。やがて孫の顔を見せられれば、何よりの親孝行にもなります。

這《は》えば立て立てば歩めの親心
我が身につもる老いを忘れて
（古歌）

特に心掛けておかねばならないことは、医療や福祉関係。また何かあった場合を考え、隣り近所との関係も、出来る限り密《みつ》にしておくことです。昨今は、これが疎《おろそ》かにされがちで、一考を要します。

とはいえ私などは、独立するという意味での「後髪《うしろがみ》を引かれる」、といった経験はありません。頭を剃っているからではなく、母は小学六年で、父は高校二年の時、亡くなりました。

私が巣立ちする前に、親の方が旅立ってしまったわけです。〈じゃあね〉とも言わず……。

失礼ながら、あなたにも、いつかはもっと本格的な、終極的な別れが必ず訪れます。ともあれ、その日まで母娘の縁を尊び、大いになつかしんでおくことです。

⑤ 母の介護にイラだっている

質問

老い先短い母の介護《かいご》に、苛立《いらだ》ってしまいます。穏《おだ》やかな心で看取《みと》るには、どうしたらいいでしょうか？

（二〇一四年六月の質問）

――〈回答〉――

あるご婦人が夫を納得させ、自分の母親を引き取って、介護に尽《つ》くしました。

老母が亡くなって数年後、今度は夫の母親が、一人では寝食も儘《まま》ならぬ状況となったのです。そこで夫は、家の建築に、少なからず援助してくれたことを理由に、面倒をみたいと切り出しました。

しかし、妻の応《こた》えはノーでした。〈病院でも施設でも、どこでもいい。お願いだから入れてほしい〉。

かといって、自分の母と、夫の母を差別したわけではなく、実際の介護に明け暮れて、〈もうヘトヘト、コリゴリ……〉。それが、偽《いつわ》らざる心境だったようです。

介護、看病を通して、夫婦・親子間に、ある日、突発的事態が生ずることがあります。虐《ぎゃく》待《たい》のみならず、殺人にまで及んだケースも、時折り、報道によって見聞きするところです。

突発的というと、思いもよらないことのようですが、淡い色も何度も重ねれば、次第に濃くなります。それに似て、肉体的・精神的に蓄積《ちくせき》されていった結果、というべきでしょう。

そこまでエスカレートしないまでも、〈もう、いい加減に終わってほしいと密《ひそ》かに思った〉人を、私は何人も知っています。

この人たちは、高度医療の「お陰《かげ》」を感じつつも、一方では、その「狭間《はざま》」の中で呻吟《しんぎん》（苦しみうめく）していたのです。

「終わってほしい」という感情にしても、決して自分たちの都合ばかりでなく、病人の症状を案じての思いもあります。

私の妻は、膵臓《すいぞう》がんと診断されて、約九ヶ月の入院生活でした。〈覚悟は出来ているから、早く終わりにしたい。それなのに、何で栄養剤なの？〉。

さすがに医師にはいわず、私への決まり文句ですが、ほとほと困惑したものでした。

病状は悪化の一途《いっと》。となると、身体を起こせば〈寝かせて〉、寝かせれば〈起こして〉。〈足を曲げたい〉、〈伸ばしたい〉。

こうなると、一日の仕事を終えての介護ですから、疲労困憊《こんぱい》も極度に達しています。

見せまいとしている心の中の、モヤモヤとイライラは、まるで毒蛇の炎の舌のようです。けれども、強《し》いて思うようにしたのは、〈病人がいっているのではない。病気がいわしているんだ〉、ということでした。

私の場合は夫婦。あなたの立場は母子の関係――。けれども察するところ、老母の思いに応えてあげられない虚《むな》しさ、共有できない焦燥《しょうそう》感《かん》に駆《か》られて、自分自身にも、苛立っているのではないでしょうか。

病気の容態、病人の性格によって、人はさまざまに訴えます。

一般的にみれば、疼痛《とうつう》や底知れぬ不快感、あるいは再起への不安、死への恐怖など、それは当人のみが知る、健常者には理解しがたいものです。

たとえば、平生《へいぜい》ならば、縄は縄と認識できますが、恐怖が高じると、縄も蛇と化すのです。他人にとっては単なる思い込みであっても、当事者の目には、そう映って見える――。

ところが、親子のように親密な関係にあると、なおさらそれが歯痒《はがゆ》く、疎《うと》ましくさえ思われるものです。これは、おたがいに共通している感情というべきでしょう。

もちろん、親子なればこそなのですが、身近な存在だけに、目眩《めくら》ましになることもあります。昔の人の言葉に、「指を見ず、月を看《み》よ」とあります。指し示したユビをではなく、その行方《ゆくえ》にある月が問題なのだと……。

とある老人施設を訪問した折り、施設長さんから、こんな話をお聞きしました。

「蛍光灯がついていない、というので部屋に行くと、ちゃんと灯っているのです。ついている、いないのやり取り。いじわるなのか、わがままなのか。若い職員だった頃で、馬鹿にされたと腹が立ちました」「けれどもそれがもとで、後になって老人との距離が出来てしまい、ウツウツとしていました。ある時、また同じ苦情をいってきたのです。そこで『ハイ、つけますよ』と、真似事《まねごと》をして見せたところ、頻《しき》りにお礼をされました。瓢箪《ひょうたん》から駒《こま》ですよ」

こうした術《すべ》を問題の回避・迎合《げいごう》と評するのは簡単ですが、私はむしろ、これこそが方便《ほうべん》（すぐれた手段）というものであり、「実相《じっそう》に即《そく》している」と思います。

それが現在の、あるがままの相《すがた》だからです。以前の母は以前の母。ハツラッとしていた時代の姿を重ね合わせても、何ら得るものはないでしょう。つらくても悲しくても、ありのままをじっと見つめ受け入れる中に、あなたの心にも、老母の心にも、多少なりとも穏やかな関わりが、きっと訪れると信じています。

⑥ 仏教徒としての「死」への心構え

質問

寄る年波《としなみ》。死を身近に意識する毎日です。仏教徒としての死への心構えを教えて下さい。

（二〇一三年十月の質問）

――〈回答〉――

古川柳に、

死にたひといふ舌みんな閻魔《えんま》ぬき

とあります。閻魔大王は、人心の裏の裏まで見《み》据《す》えてしまう。その厳然たる面容《めんよう》には、善人づらは通用しません。

出来れば避けて通りたいのは人情ですが、「いつまでも生きている気の顔ばかり」の人であっても、やがては必ず、閻魔大王に〝お目通り〟しなくてはならず、奇麗事、嘘偽りなどは通用しません。

この古川柳からは、昔の人の、死を恐れる心情が読み取れますが、さて、最近は、「平穏死《へいおんし》」が話題になっています。死の問題は、質の差こそあれ、いつの時代も、関心が高いということでしょう。

今回は、その死に対する「仏教徒としての心構え」がテーマです。

まず、宗教学者の故・岸本英夫氏の「生死観の類型《るいけい》」という一文から、死を繙《ひもと》いてみたいと思います。

「この自分も一個の人間として、その例外ではありえない。現在、生き、感じ、ものを考えている自分の上にも、やがて必ず最後の時がやってくる。その時には、如何《いか》に心が後に残ろうとも、自分の周囲のすべてのものを後に残して、行ってしまわなければならない」

「それが死という事実である。そういう恐るべき条件を背負わされて、人間は生きている。社会の進歩も、科学の発達も、この死という事実の前には、ほとんど全く無能である」

ここでフト、思い当たる言葉がありました。道元禅師《どうげんぜんじ》は、次のように示されています。

「かくのごとく生滅《しょうめつ》する人身《にんしん》　たとひをしむともとどまらじ　むかしより　しんでとどまれる一人もいまだなし」

お二人とも、死について共通する説示《せつじ》をされています。私たちにしても、この言葉の内容は、容易に理解することが出来ます。

しかしどうでしょうか。それは漠然とした、つまり一般論としてであって、わが身に降《ふ》りかかる一大事《いちだいじ》として、心底、これを納得できるか否《いな》か、はなはだ疑問に感じます。

死は、生あるものに必然的に訪れる、「自然の摂理《せつり》」。縁《えん》によって生じたものは、縁によって滅びるという、絶対の真理（縁起《えんぎ》）を自覚する。言葉を代えれば、無常《むじょう》を観《かん》ずるということが、実は、仏教徒の基本的心構えであるべきなのですが……。

というのも、私の川柳句を通して見る〝浮世《うきよ》〟は、

お迎えを言いつつ口にするサプリ
ポックリと死にたい人の医者通い

どうしても、こう映って仕方がないのです。〈サプリを頼り、医者をアテにして、なぜ悪い！〉。そんな反論はあるにしても、お迎え、ポックリを願う心との矛盾。死を口にしながら、生への限りない執着が見え隠れしている辺《あた》りが、〈あぁ、人間。生身《なまみ》の存在なんだなぁ〉と、切なく思えてなりません。

道元禅師には『正法眼蔵《しょうぼうげんぞう》』の著述があります。その「道心《どうしん》」の巻に、死に直面した時の、心構えにふさわしい一文が見られます。とても懇切丁寧《こんせつていねい》で、しかも分かりやすいご文章ですから、ぜひ一読されるとよいでしょう。ここでは、掻《か》い摘《つま》んで、あらましを述べることにします。

「この生のおわるときは、ふたつのまなこ、たちまちにくらくなるべし。そのときを、すでに生のおわりとしりて、はげみて南無帰依仏《なむきえぶつ》と、となえたてまつるべし。

このとき十方《じっぽう》の諸仏《しょぶつ》、あわれみをたれさせたまう」

「縁ありて悪趣《あくしゅ》（現世の悪事の報《むく》いによって堕《お》ちて行く苦しみの世界）におもむくべきつみも、転じて天上にうまれ、仏前にうまれて、仏をおがみたてまつり、仏のとかせたまうのり（仏法）をきくなり」

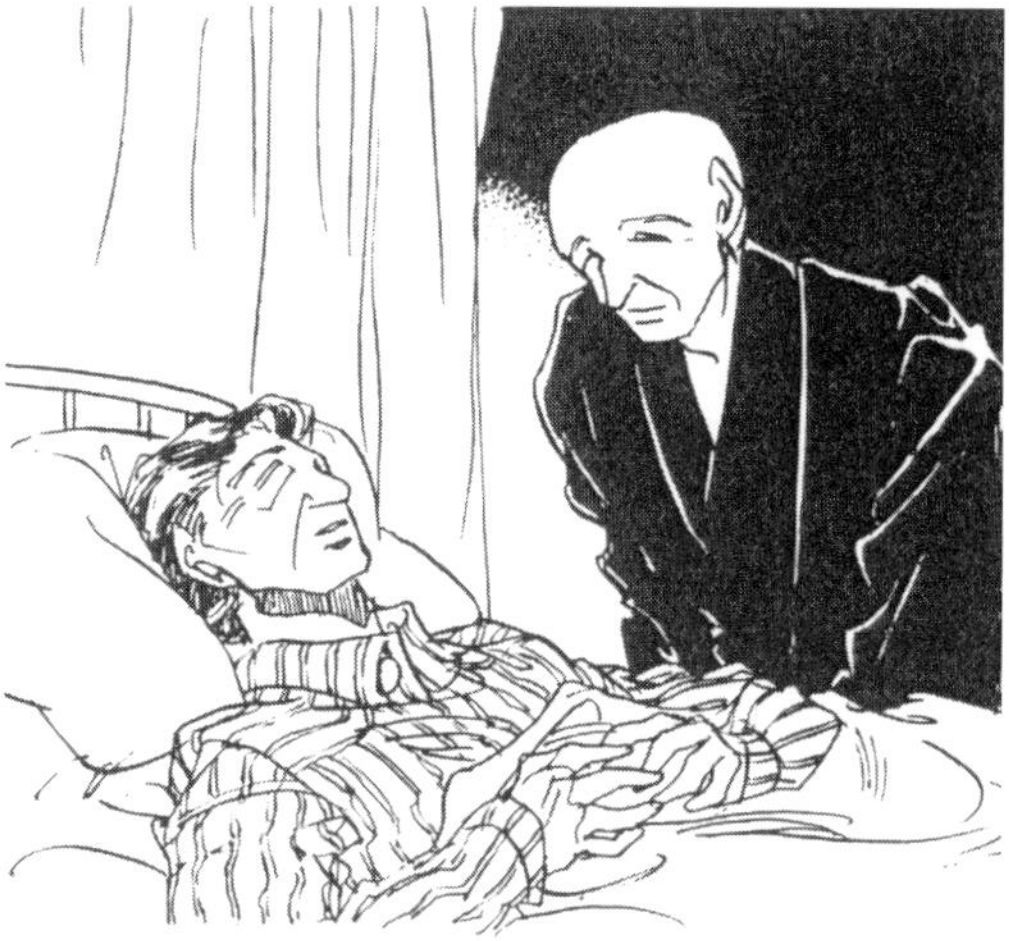

死は、自然の摂理。死なない人はいないのです。
恐がる必要はありません。

「三帰依《さんきえ》（南無帰依仏・南無帰依法・南無帰依僧＝三宝《さんぼう》帰依）をとなえたてまつること、中有《ちゅうう》（人が死んで次の生を受けるまでの期間＝四十九日）までも、後生《ごしょう》までも、おこたるべからず」

避けて通れない死。他人事でなく、わが身に降りかかる死。圧倒的に病院で迎える死。重篤《じゅうとく》になれば、独り個室に移され、灰色の壁を見つめなければならない場合もあるでしょう。

しかしこのご文章からは、救いが伝わってきます。「信《しん》あれば感応《かんのう》（仏の心に通じる）あり」です。浮世を〝憂《う》き世〟で終わらせてはなりません。

⑦「終活」とは何か

質問

テレビ番組で、「終活《しゅうかつ》」を取り上げていました。仏教の立場で、どう思いますか？

（二〇一四年三月の質問）

――〈回答〉――

私も興味をおぼえ、その番組を視聴した一人です。

この耳新しい「終活」という言葉は、「人生の終わりのための活動」。つまり、死という人生の締め括《くく》りを、予《あらかじ》め自分自身の目で検討しておく、というもののようでした。

その点に限れば、仏教の立場から見ても、結構なことだと思います。なぜ「その点に限れば」なのか。それは、放映された中味です。

葬儀の形式、墓地の選択、あるいは相続問題の円滑化といった類《たぐい》。また終活サロン、終活ツアーなど、ビジネス色に彩《いろど》られた内容でした。

需要と供給。それぞれの立場からすれば、終活も実は「死活問題」。それは重々承知してい ます。しかし、終活に対する関心がそこに留《とど》まるとしたら、なんとも寒々しく、物足りなさを感じます。

いつの時代にも、何らかのブームという現象が起こります。新語・造語――。これもまたブームの一つで、何とか流行《はや》らせようと、悪戦苦闘している人もいるようです。

その現象は竜巻に似て、世間を席巻《せっけん》するものもあれば、つむじ風のように、束《つか》の間《ま》に消えてゆくものもあります。

「〇活」も、巷《ちまた》を横行しています。馴染み深いのは、何といっても「就活」・「婚活」。ところが誰が編み出したものか、他にも、あるわあるわ――。

「離活」。これは離婚するための、いわば手立て。「保活」といえば、保育園不足の現状を反映していて、どちらも現代社会が抱える切実な問題です。

けれども、「涙活」（涙を流してストレスを解消する）、「朝活」（早朝に勉強や趣味に励む）、「妊活」、「恋活」に至っては、殊更《ことさら》めいて、浅薄《せんぱく》に聞こえてなりません。

バカバカしいのは「デブ活」。これは、深夜に食事をとることだとか。「夜食系」ぐらいにしておけばよいものを……。ムカムカして「虫《むし》酸《ず》が走る」思いです。

話の脱線は承知の上ですが、何で「〇活」を並べ立てたかといえば、ともすれば「牽強付《けんきょうふ》会《かい》」（道理に合わないことを、無理にこじつける）の言語に惑わされがちな、現代社会の悪弊《あくへい》を感じるからです。熟慮が乏しい時代です。

終活にしても、何も、一刀両断に切り捨てるつもりはありません。しかし、言葉の有する幅と奥行きというものを、見つめ直す必要があるのではないか、と思うのです。

たとえば終（死）活とは、仏教的にいえば、「即ち生活である」ことになります。

禅の方では、これを「生死一如《しょうじいちにょ》」または「生死不二《ふに》」といいます。

生命を一枚の紙にたとえれば、表裏の関係です。

生を表とみれば、死は裏にあり、死を表とすれば、生は裏側の存在。仏教の生命観からすれば、生と死は一枚、つまり一如・同等なのです。

曹洞宗には、修養《しゅうよう》の書であり生活の教典ともいうべき『修証義《しゅしょうぎ》』というお経があります。

その冒頭にはズバリ——

「生《しょう》を明《あき》らめ死を明むるは仏家《ぶっけ》一大事の因縁なり」

と示されています。

「あきらめ」るとは、飽《あ》（厭）きるのではなく、諦める（仕方がないと断念する）でもありません。だから「明」を用いているのです。「しっかりと見定める」、「本質を見抜く力」といってもよいでしょう。

仏教徒の終活は、斯《か》くありたいものです。といって、日本の仏教そのものが、必ずしもそうであったと断言することはできません。儀礼を主流とし、一方、それが日本人の気質に合致して、社会的に保持されてきた経緯は、見過ごせないでしょう。

宗教人類学で著名な、佐々木宏幹《こうかん》先生の一文からも、その辺《あた》りが窺《うかが》えそうです。

「死者（霊）を〝ほとけ〟として遇するのは諸仏教国の中で日本だけである。いい悪いの判断は別として、仏（仏陀）と死者（霊）を関係づけ、さらに両者を〝ほとけ〟（仏）として一体・同一視するにいたったことは、日本仏教の最大の特色であるといえよう」

となれば、教理が薄められ、儀礼に吸収されたのも、結果的に、必然だったようにも思われます。

それが高じてか、葬儀も、成仏・魂の救済は傍《かたわ》らに置かれ、物理的面のみが強調される風潮を生じています。終活も、そうした意識の延長線上にあるかのようです。

⑧ 自分の葬儀は家族葬にしてほしい

質問

家《か》族《ぞく》葬《そう》を希望しています。エンディングノートに書いておけばいいのでしょうか？

（二〇一七年八月の質問）

——〈回答〉——

中年期とおぼしき女性から問い合せの電話があって、〈どうしてもA師と連絡が取りたいので、所在を教えてほしい〉、というのです。

A師とは、長年、法事の手伝いをしてくれている和尚のことです。

聞くところによると、〈一時期、パートで霊園の受付に従事していた〉そうで、折々、会話も交わし、〈おだやかで、親切なお坊さん〉、と心酔していたともいいます。

だからといって、見ず知らずの人に、〈ハイ、わかりました〉と即答するわけにもいきません。たとえば、「過去帳」の閲覧、問い合わせは禁止です。仮りに檀家名簿でも、余程の理由がない限りは、おことわりしています。人権侵害や、犯罪と関わることも考慮され、軽はずみに応じるわけにはいきません。お寺といえども、世の中の世知辛《せちがら》さから、決して無縁ではないからです。

そこで、遠回しに具体的な訳を聞こうとしたのですが、返ってきた言葉は、極めて単刀直入でした。

〈私が死んだらこのお坊さんにお経を挙げてもらいたい、と書き置きしたいのです。三十年後くらいになる話ですが……〉

人の生き死には「神のみぞ知る」類《たぐい》で、〈三十年後くらい〉には正直、二の句が継げませんでした。多分、平均寿命が念頭にあったのでしょうが、それにしても、A師だって八十歳を優に超える計算になります。いいづらいことですが、〈果たして生きているかどうか〉も。

あるいは何かの事情で、途中、引退しているかも知れません。それに、次の代の和尚が先代と同じ人柄とも限らないでしょう。その時はどうするのか。

エンディングノートには、ご承知のように、さまざまな項目があります。預貯金や年金・資産。家族親族はもとより、友人知人の連絡先などを記しておけば、万が一の場合、便利この上もありません。

医療や介護ももとよりですが、特に回復の手立てが見込めなくなった時の、延命措置の有無。これなどは切羽つまった時の家族のためにも、十分、判断材料となるでしょう。利点は確かにあります。

要は、先ほどの実例から窺《うかが》えるように、希望は希望としながら、但し、自分だけの思い込みに陥《おちい》らぬよう、配慮したいものです。

そのためには、ただ記すだけでなく、趣旨の説明と、家族の同意を得ておくことが肝要です。そうでないと、残された者にとっては、かえって戸惑いが生じ、重荷として跳ね返ってくることになります。

ところで、最近の葬儀は、ほとんどといえるほど「家族葬」が目に付きます。

それ以前のお葬式は、血縁・地縁ともに、幅の広さがありました。つまり、大家族的な「家」を単位としていたのです。それが家族構成ばかりでなく、意識の面でも核家族化が進んだ結果だろうと思います。

家族葬を望む人の中には、往々にして、「迷惑」を口にすることがあります。しかし世の中というものは、少なからず、迷惑の掛け合いで成り立っている、ともいえましょう。生も死も同様です。

若者の言葉に「ウザい」があります。造語だと思っていたところ、意外にも「うざったい」の俗語で、わずらわしい、うっとうしいの意味だと知りました。

実は、家族葬を歓迎する人の中にも、この種の人がいるようなのです。つまり面倒くさいのです。

弔問《ちょうもん》、会葬者《かいそうしゃ》の多い少ない、その是非をいうのではありません。お葬式の規模はともあれ、「死別」をいかに充実させるか。エンディングノートを書くに臨《のぞ》んで、しばし思いを馳せてみてはどうでしょうか。

いわば、遺言書の拡大版といったところで、それを通して、人生や家族・知人との交りも、味わい深く思われてくるのではないでしょうか。

数日前のこと。依頼を受けて通夜《つや》・葬儀に出向きました。檀家《だんか》ではなく、たまたま拙著《せっちょ》に気づいて、電話をしたとのことでした。

奥様の話によれば、

〈夫の遺体を自宅ベッドに横たえ、ハテ、お寺さんを決めなくては、と。そこで本のことを思い出したのです。

でも、どこを探しても見当たらないし、途方に暮れて、「おとうさん、どうしよう」と、耳もとでつぶやいたのです。フト夫の視線を感じ、その方向をみると、ないはずの本が……。不思議な縁ですね〉

総勢十四、五人の家族葬でした。孫たちは、幼稚園時代の「じぃじの絵」を胸元に収め、一人一人が棺《ひつぎ》に進んで額に手を当て、飾り気なく思い出を語りかけていました。

その場は、家族団欒《だんらん》に似た雰囲気で、「さようなら」ではなく、「いってらっしゃい」。そんな強い絆《きずな》が、しみじみと伝わってくる光景です。

「私の肉体は滅んでも、（仏）法の中に生きている」

と釈尊は説かれています。その教えと重なりあった気持ちでした。

葬儀には、おたがいの生き方、縁《えん》が、反映します。ノートには、心の便りも綴《つづ》っておきたいものです。

⑨ 息子や娘から相続話を聞かされる

質問

年老いて、息子や娘から相続話を聞かされます。孫を思ってストレスに耐えていますが……。どうしたらいいでしょう?

（二〇一四年十月の質問）

――〈回答〉――

誰しも、「寄る年波には勝てぬ」ものです。

自分自身、先々のことを考えているつもりでいても、これがいざとなると、何からどう手をつけてよいものか、思案《しあん》に余ります。

そんな矢先、懸案《けんあん》だったことを、先を越されて差し込まれれば、心穏やかではいられません。

しかし、視点を少し変えてみましょう。子どもさんたちの、本音がどこにあるかはわかりませんが、現実問題に照らしてみると、頷《うなず》ける点もあるのです。

最近の報道によると、二〇一五年一月から相続税の課税も、一段と厳しくなるそうです。従来と今後の税額も明示されていましたが、私には、いわば「対岸《たいがん》の火事」でした。

ところが、これがいけないらしい。遺言に書くほどの財産はないと思い込み、放置した結果が、遺産分割の争いになるケース――。傾向としては今後も増え続け、「争族」にまで発展すると予測しています。

一般的に考えられる相続税の対象は、土地・建物・貴金属、預貯金・株券、生命保険。あるいは書画・骨董品《こっとうひん》の類と思われがちです。

ところが、果樹や立木、犬・猫・鳥や魚といったペット。これらも流通価値があると判断されれば、それ相当の税金が課せられるようです。

ということで、元気なうちに当事者間で話し合い、出来る限り折り合いをつけておくことが、現実的には、肝要かと思います。

長子が一切の家督《かとく》・財産を相続する――。それは遠い昔の制度で、今は権利と平等が求められる時代。手続上も複雑です。

けれども、動産・不動産だけが相続だと思いがちな世相も、何とも情けなく、惨《みじ》めにも思われます。

譲る者、受ける側《がわ》、双方にいえることですが、物や金品だけではない相続のあることも、念頭に留《とど》めておきたいものです。

そのことを、いみじくもいい得た子どもの詩があります。お孫さんをいとおしむあなたの心にも、きっと通じるものがあるでしょう。

私ははんてんが大好き

だっておばぁちゃんのにおい
死んだおばぁちゃんが
まだ生まれて来ない
私のためにぬったはんてん
小さいころから
ぬっくぬくの
はんてんをきせられて
外を走りまわった
赤いはんてんと
赤いほっぺの私が走りまわるのを
考えながら
おばぁちゃん
ぬってくれたのかなぁ

（『おじいちゃんおばぁちゃんだいすき』＝佐藤浩・編著）

赤いはんてんは、祖母から孫への形見《かたみ》の品であり、遺産の一つともいうべきものでしょう。

しかし、この詩から私たちが味合《あじわ》うべきことは、半纏《はんてん》という衣服の裏側に縫い込められている、慈愛と思慕《しぼ》の情だと思うのです。

祖母にとっては、見ることも抱くこともできなかった孫でした。にもかかわらず、一針一針縫い進める糸の運びに、すこやかな孫の歩みを思い描いていたと察せられます。

孫にしても、生まれた時には、すでに祖母は他界しているのです。けれども、「ぬっくぬくのはんてん」を通して、「おばぁちゃんのにおい」、慈《いつく》しみを感じ取っているのです。

そう解釈すると、相続とは、必ずしも金品に限るものではない。心の相続もあるのだと、ホッとした気持ちにさせられます。

瑩山禅師《けいざんぜんじ》（曹洞宗・大本山總持寺《そうじじ》開山）のお言葉の中に、

「神霊を見ずといえども、信《しん》有るときは感《かん》応《のう》あり。ただ形に影のしたうがごとし」

とあります。平たくいえば、肉眼や人知を持ってしても、神・仏の霊妙なお徳は感知できないが、信ずる心があれば、声に応ずる響きのように通じるものだ、といった意味になります。

子どもの詩の、はんてんから醸《かも》される「おばぁちゃんのにおい」――。それが「形に影のしたうがごとし」で、信じ合える関係も、一種の相続といえるでしょう。

以前、読売新聞の「編集手帳」にこんな一文がありました。

「細川たかしさんが『心のこり』でデビューしたとき、曲名を見てつぶやいた人がいる。『肩だけでなく、心の凝《こ》りもあるんだ』」

須《す》磨《ま》野《の》波彦《なみひこ》氏の著書にあるとか。故・浪越徳治郎氏の名セリフ、「指圧の心は母心　押せば命の泉湧く」。家族も、揉《も》める前に心を揉みほぐしておけば、ストレスも解消されるというものです。

⑩「墓じまい」とは何か

質　問

私も寄る年波《としなみ》。故郷の墓参りも儘《まま》なりません。「墓じまい」について教えて下さい。

（二〇一五年十二月の質問）

――〈回答〉――

一時期ほどではないにしても、今も時折り耳にする言葉に、「断捨離《だんしゃり》」があります。身の回りの不必要な品々を整理し片づける――。〈それはそうだ〉と思いつつ、これがイザとなると、なかなか手につきません。

また座る手に取る見入る整理品　（永）

本人にとっては思い入れもあり、〈どうしたものか〉、と。そこで思案投げ首が始まります。

家の中でもその通りで、ましてや「墓じまい」を考える、ともなれば、なおさら思いは複雑でしょう。

いうまでもなく「墓じまい」は、仏教はもとより、神道《しんとう》、キリスト教でも、その宗教の教えに基づくものではありません。墓に纏《まつ》わる習慣に、新たに芽生えた社会現象、とでもいいましょうか。

その源は、「終活《しゅうかつ》」にあったと思います。この造語が、マスコミによって取り沙汰され、世間からも注目されたのは、確か、今から八、九年前だったと思います。

当初そこには、葬儀内容ばかりでなく、お墓の問題も絡《から》んでいたわけです。それが墓を「仕《し》舞《ま》う」という。このインパクトの強さには、かなり圧倒されたものです。

ものごとの最後、終わり――。〈もうお仕舞《しまい》です〉などといわれたら、身も蓋《ふた》もなくなり、ガックリ力が抜けてしまいそうです。

そんな悲愴《ひそう》なニュアンスを感じさせるだけに、墓じまいは、ことさら耳目《じもく》を集める結果となりました。

もちろん、

〈お墓が遠方にあり、体力が衰《おとろ》えて墓参りが出来ない〉

〈後《あと》を継ぐ者がいない〉

といった悩みがあることは承知しています。

それればかりか、複数の墓を守る家や、維持・管理・供養《くよう》など、経済的な理由によるものもあり、どれを挙げても深刻です。

その要因は、都市化によって、職を得るために故郷を離れた人のあったこと。核家族化、少子高齢化が進んだこと。また敢《あ》えていえば、先祖や亡き人に対する意識の変化なども考えられます。煩《わずら》わしいと思う人もないわけではありません。

従来、日本の社会は、代々その地でその家を受け継いでいくという、いわば農耕民族ならではの、「土着」に対する強い意識がありました。そうした習俗や制約が、社会状況の変化によって崩れたのです。

それは、冠婚葬祭のいずれにも大きな影響を及ぼしています。お墓も如《しか》りです。

こうした大河の流れに似た風潮を、堰《せ》き止める手段はあるかと問われれば、それは困難、という他ありません。そこに有効利用とでもいいますか、いわば導水の役割として、「墓じまい」が語られるようになった、と思われます。

新たな商法として、目を着けた業者もあるでしょう。

けれども、よくよく吟味《ぎんみ》してみると、「墓じまい」とはいうものの、つまりは、既存の墓地を「改葬《かいそう》」する手続きに他なりません。形ばかりに目が奪われがちですが、精神的な面からすれば、決して〈それで全てはお仕舞〉ではなく、実は新たな始まりなのです。

たとえば、納骨堂《のうこつどう》や合祀墓《ごうしばか》に、霊骨を移すにしても。それは決して先祖や亡き人を粗末にすることにはなりません。いかにしたら円滑《えんかつ》に心が届けられるか、尽くせるか。要は、供養する気持ちの有る無しです。

仮《か》りに、祭祀承継者《さいししょうけいしゃ》（後継者）がいなければ、ご本人を含め、予《あらかじ》め「永代供養《えいたいくよう》」を依頼しておく方法もあります。

お墓の存続は、旧来から庭や畑などにある場合を除き、寺でも霊園でも、祭祀承継者が続く限り、代々にわたって使用できるという制度。つまり「永代使用権」に基づいています。

ですから、個人的に売買することは出来ません。また「墓じまい」とは、その使用する権利を放棄することですから、墓石を撤去し、更地《さらち》にして返還することが義務づけられています。

たとえ墓じまいをしたとしても、供養の気持ちは
忘れないようにしましょう。

そこで、ついでながら、改葬する折りの手順を、大まかですが述べてみます。

まずは、①家族や親族に趣旨を話し、同意を得、さらに②菩提寺《ぼだいじ》（あるいは霊園管理事務所）の承諾を確認しておく。③遺骨を移動する先方からは「受入《うけいれ》証明書」、役所（埋葬地の市区町村）からは「改葬許可申請書」を受け、必要事項を記入し、②による署名・捺印《なついん》を受け、役所の証明印を受けた後、④遺骨とともに移動する。

こうした行政上の手続きが必要ですが、申請書等の提出を、代行してくれる業者もおります。

ともあれ「墓じまい」とは、決して「供養の仕納《しおさ》め」ではない、このことだけは、肝に銘じたいものです。

⑪ 夫と同じ墓に入りたくない

質問

夫とは、同じ墓に入りたくないと思うこの頃です。私のわがままでしょうか？

（二〇一六年五月の質問）

―――〈回答〉―――

端午《たんご》の節句《せっく》（本稿執筆時）となり、人形の街・岩槻《いわつき》（埼玉県さいたま市岩槻区）は、人出《ひとで》も増えているようです。とある店舗をのぞき、目にとまったのは、「高砂《たかさご》」と題した、老夫婦一対の木目込人形《きめこみにんぎょう》でした。

そこでフト脳裡《のうり》を過《よぎ》ったのは、

「おまえ百まで　わしゃ九十九まで　共に白髪《しらが》の生《は》える迄《まで》」

の俗謡《ぞくよう》です。

これは『詩経《しきょう》』（中国最古の詩集）にある、「偕老同穴《かいろうどうけつ》」の語と関わりがあるようで、その意味は、「生きてはともに老い、死んでは同じ墓に葬《ほうむ》られること」（『四字熟語辞典』＝大修館・刊）、となっています。

生きている間も、死んだ後までも仲むつまじく――。〈なるほど、物がお墓だけに奥深い〉などと、すましこんではいられません。というのも、この人形には、思わぬ特徴があるのです。二人の持ち物に注目してください。

翁《おきな》は熊手《くまで》、嫗《おうな》は箒《ほうき》をたずさえています。これは一体、何を物語っているのでしょうか。

一般的にいって、男性の掃除は雑で、取り残しが出る。それを小まめに掃《は》き取るのが、女性ならではの持ち味……。といって、箒だけでは埒《らち》が明かないこともあり、その点、熊手は重宝します。

私が思うのは、当然ながら、男女ともに異なった特性をもっていて、互いが補《おぎな》い合ってこそ、仲むつまじくいられるのではないか、ということです。

相田みつをさんの詩に、

せとものとせとものと
ぶつかりっこすると
こわれてしまう
どちらか　やわらかければ
だいじょうぶ
やわらかい　こころを
持ちましょう

とあります。「柳に風折れ無し」ともいい、仏教でいえば、「柔軟心《にゅうなんしん》」に通じるでしょう。川柳では、この辺りの事情を、

泣かされた酒だが墓へ来て供《そな》え
（村木碧水）

と、極めて具体的です。

〈その時はその時、今は今〉。そうスッキリ割り切れれば、それに越したことはないのですが、「こだわり」という縺《もつ》れた糸は、解きほぐすには、容易なことではありません。頭の中ではわかっていても、イザとなると、思いと行為は懸《か》け離れ、なかなか理屈に追いつかないのも事実です。

それもあってか、このところ離婚率は増え続け、何と、三組に一組の割合なのだと聞くに及んでは、目を白黒させられます。共に白髪の生える迄が、「共に白髪になる前に」、という現実が夫婦の眼前に横たわっています。


死別が当たり前だった時代から、生き別れの時代へと思いきや、今やこれに平行して、「墓別れ」現象も起きているようです。

毎日新聞（東京・朝刊）の二〇一六年一月三日付の記事によると、妻の四人に一人（二六・四％）は、夫と同じ墓に入りたくないらしい。それに対して夫はといえば、十人に一人（一〇・六％）、という隔《へだ》りぶりです。

その理由として、死んでまで一緒にいたくない。義父母も一緒だから。自分の両親と入りたいなどが挙げられています。ウザイのでしょう。

この調査は、「保険クリニック」という団体が四十～六十歳の男女を対象にして、インターネット上で実施したものだそうです。

ただ五百人中、三百六十一人の回答ということですから、地域性、社会全体の実態・傾向として捉《とら》えるには、資料的な乏《とぼ》しさは禁じ得ません。

しかし、社会の潮流として、あらゆる分野への女性進出は、目を見張るものがあり、自ずから自己表現が高まるのも、自然の成り行きというものです。

霧深し夫婦の思想寄り添えず

（薮内千代子）

で、妻は「家」と夫に忍従する——。それが美徳とされてきた日本の、過去の精神的風土が、いまだ見え隠れしています。その因習的《いんしゅうてき》な部分は、たしかに引っ掛かります。

夫婦別姓もさけばれる昨今、時代はいわば男女間の、曲がり角に直面しています。ならば急がず焦らず立ち止まって、一考、再考すべきです。

紙面には、

「女性が一人で生きる不安にきりはない。
ただ、最後に自分が眠る場所があるという
安心があれば、生きている間が楽しくなる」

ともありました。

そこには、メル友・ママ友ならぬ「墓友《はかとも》」という、交流の場もあるそうですが、夫をおいて、友人と温泉旅行に行くのとは訳がちがいます。そしてこの世の柵《しがらみ》は、あの世まで持ち越さぬことです。

ましてや、お墓やお骨は単なる物ではないのですから、宗教的・信仰的な面も、決して等閑《なおざり》にすべきではないと思います。

⑫ 母の死後、兄とのわだかまり

質　問

母の死後、兄は嫂《あによめ》に感化されてか、法事の通知も寄越《よこ》しません。蟠《わだかま》る気持ちを、どう解消したらよいでしょう。

（二〇一四年十二月の質問）

――〈回答〉――

冗談めいて恐縮ですが、私は、和やかな社会や家庭をテーマに語る時、「おでん鍋」の話をすることがあります。話の中味はともかく、おでんの中味となると、この、冷え込みが一段と増した時節（本稿執筆時）には、興味も引かれ、食欲もそそられます。

最近は、キムチ鍋《なべ》に人気があるようですし、真っ赤なラーメンを好むメンメンもいるようです。でも私の目には、肉や油をふくめた、これら食生活の変化は、何となく、刺激性を求める現代人の象徴、のように映ります。

その点、おでんは薄い塩味で、醤油《しょうゆ》は色づ

け程度。ダシは昆布とかつお節、と淡白そのものです。

味だけでなく、その具の豊かさも楽しめます。人でいうと、それぞれが個性的でありながら、一堂に会しては、おたがいの持ち味を出し合い、しかも受け入れ合っています。

自己を損《そこ》なわず、それでいて他を認め合う——。まるで和の精神を形にあらわしているかのようです。

だから、おでん鍋のコツはグツグツ煮立ててはいけません。焼き肉のように〈さぁ焦《こ》げるぞ、さぁ急げ〉もいただけません。温泉の湯舟のようなゆったり感も、また格別です。

凡《およ》そこうした話ですが、もちろん法話ですから、仏教的意義も込めています。

仏教の三宝帰依《さんぼうきえ》。仏《ぶつ》・法《ぼう》・僧《そう》の僧は、「和合《わごう》衆《しゅ》」で、和合は、協同とか調和を意味します。

また、道元禅師《どうげんぜんじ》は、

「海の水を辞《じ》せざるは同事《どうじ》なり、是故《このゆえ》に能《よ》く水聚《あつま》りて海となるなり」

と示されています。この同事も和合も、ほぼ同じ意味と解釈してよいでしょう。

私はここまで、おでん鍋の話を通じ、おたがいの和のあり方を述べてきました。そこで次に、ある女性からの悩み相談、「姉と兄の葛藤《かっとう》」という、和合とは対極にある実話を、お話することにします。

その遣《や》り取りのあらましは、およそこういう流れです。

姉が実家を訪れると、〈母はお手伝いさんのようだった〉と。姉は、病弱な母を婚《こん》家《か》に連れ帰ったところ、不幸にも数日にして急死してしまった。

兄（長男、姉からみて弟）に連絡しても、不在をよそおってか通じない。嫂《あによめ》が代わって、〈夫の伝言ですが、勝手に引き取ったんだから、自分で何とかしたらといってました〉、と、けんもほろろの状態。業《ごう》を煮やした姉は、売り言葉に買い言葉。〈じゃ頼まない！〉となって喪主《もしゅ》をつとめてしまった。当然、兄は遺族席に並ぶしかなかった。

やがて四十九日忌が近づき、姉は供養と埋葬について、兄に電話を入れた。〈ここまではやったけど、あんた長男なんだから、後はしっかりやってよ！〉。

これが火に油をそそいでしまって、〈オレはあの日、会社の人間に恥をさらして、立つ瀬がなかった。あそこまでしたんだ。トコトンやってもらおうじゃないか！〉、と折り合いがつかない。

こうした話の内容でした。

「魚の目に水見えず、人の目に空（空気）見えず」という諺《ことわざ》があります。余りにも身近すぎると、かえって、大切なものごとの存在に気づけない。これはその譬《たと》えです。

私は、ただただ聞くばかりでした。相談者である妹さんの心労は、痛いほどよくわかるのですが、問題の当事者は姉と兄、その双方の歩み寄りしかないのです。

誰にも増して、一番かわいそうなのは、お母さんでしょう。何はともあれ、〈母の霊よ、安らかにあれ〉、これが子どもとしての、真情《しんじょう》でなければなりません。そこが欠落しているのです。

でありながら、親子関係もそうですし、兄弟・姉妹の間柄となると、相手の善いところは以前同様を望み、好ましくないところは、即刻《そっこく》変えるべきだ、と近しい間柄だけに、一方的に思い込む傾向が見られます。

しかし、人間は複雑な生き物です。いや、生き物全体がそうなのかも知れません。おたがい一家を構えれば、「今まで」は通じません。「これから」が、大事なポイントになります。

〈朝、出勤する前には、必ず仏壇にお参りする息子だったのに、嫁をもらったとたん、しなくなった〉という親の嘆きも聞かれます。

お嫁さんが、お線香のにおいを嫌うからなのだそうですが、蟠《わだかま》りを解消する方法といっても、1＋1＝2のように、スムーズにいかないのが現実です。

ではどうするか。

「君子《くんし》は和して同ぜず。小人《しょうじん》は同じて和せず」

といいます。この場合の「同」とは、水に水を足し、琴の絃《げん》の同じところばかりをたたくようなものだ（『論語』下・吉川幸次郎＝朝日新聞社刊）と――。同にばかりこだわると、かえって争いの火種《ひだね》になりかねません。

ですから〈命日だから、来させてもらったわ〉と、さらりと喚起し、相手の出方を受け流すのも、和の妙味というものでしょう。

第二章

生きることの悩み

①　仕事が自分にあわず人間関係もよくない

質問

就職はしたものの、職種が自分に向かず、上司・同僚とも馴染《なじ》めず、悩んでいます。どうしたらいいでしょうか？

（二〇一四年五月の質問）

――〈回答〉――

世の中の多くの人、そのほとんどが、必ずしも望んだ職業に就《つ》けたわけではないでしょう。ある意味で自分に言い聞かせ、納得させて踏み込んだ人のほうが、圧倒的に多く、実態に即《そく》しているようです。

望み通りではなくても、それを前向きに受け入れた人と、仕方なく引きずられて就職した人とでは、意気込みが違ってくるのは当然です。仕事への対処の仕方も、それに応じて差異が生じるというものです。

意気込み――、言葉を換えれば情熱というものは、当初から、とばかりはいえません。仕事をやりこなしている間に、芽生《めば》える場合もあります。

いつとはなしに、熟成《じゅくせい》してくることもあって、鬱々《うつうつ》としていた気分が、ウソのように思うこともある。だから、捨鉢《すてばち》にならないことです。

物事《ものごと》が、自分に合うか合わないか。これは大変むずかしい判断です。

野球でいえば、長嶋や王、イチローのように、個人の持つ資質が、うまく職業と合致したケース。スポーツに限らず芸能・芸術の世界でも、その人の天性が生かされて、活躍している勇姿を見ることがあります。

まさに水を得た魚のように、喜々として、その天職を楽しんでいるように見受けられます。そこだけを見れば何ともうらやましい限りで、自分もそうありたい、と羨望《せんぼう》のまなざしで見るのも、無理からぬものです。

しかし当の本人にしてみれば、ケガや体調、精神的なプレッシャー、ストレスに苛《さいな》まれた、葛藤の明け暮れなのではないでしょうか。

岩もある木の根もあるをさらさらと
たださらさらと水の流るる

この一首は、岩という苦や災い、木の根という悲しみや憂《うれ》い……。そうした立ちはだかる障害に対処する自分の生き方を、水の徳《とく》になぞらえて、示していると解釈されます。

仏教では、これらの岩や木の根を「境《きょう》」といっています。外界の存在とか、現象・対象を意味します。しかしそれは、私たち人間の持つ感覚によって作用されるのだ、とするのが仏教の立場です。

正邪《せいじゃ》・是非《ぜひ》・好悪《こうあく》などを認識する働きは、何によってもたらされるか。それは六境《ろっきょう》（色《しき》・声《しょう》・香《こう》・味《み》・触《そく》・法《ほう》）によって起こるわけです。

ということは、物の見方、受けとめ方によって、自分を取り巻く周囲の存在も変わってくるのです。

ある書道の先生が、漢字の上達法を問われて、〈ひらがなを学びなさい〉とアドバイスしたそうです。不審《ふしん》に思って当たり前かも知れません。

しかしこの教え子は、家に帰って素直にそれを行ってみた。そこでハッと目覚めたのは、〈漢字の書法にこだわって、それがつかめなかった。ひらがなによって、漢字だけが持つ特性が知れた〉ことでした。

仕事も人間関係もそうですが、嫌気《いやけ》がさしたり、行きづまった時には、一度、今までの視点を変えてみる。あるいは距離を置くことは、問題解決の糸口に必要なことだと思います。

この辺りについて、作家・曽野綾子氏は、こういっています。要約すると――

「昔から私はリーダーにも友人にも『複眼《ふくがん》の思想の持ち主』を求めたところがある。トンボの眼玉《めだま》の複眼だ。（略）大きく広範囲に物事の様相《ようそう》を捕まえることができ、しかもその把握の仕方を違った角度から見ることを恐れない多様性《たようせい》である。しかし現実には、人間は自然に自分にとって楽《らく》そうな視点から、物事を見たがる」（『文藝春秋』二〇一四年四月号「日本のリーダーの見識に思う」）

私自身は、人生というものは、算数になぞらえられると思っています。

足したり引いたり、掛けたり割ったり……。どちらかというと引き算、割り算人生には、閉口させられた経験が、少なからずありました。

嫌気がさしたり、行きづまった時には、今までの視点を変えてみよう。

特に人生の割り算は、余りばかりが出てしまい、ほとほと手を焼く始末に迫られ、頭をかかえこんだことも、しばしばでした。

人生とは何かと問われれば、私は「柵《しがらみ》」だと答えるでしょう。「浮世のしがらみ」。自分自身をせきとめる、まといつくのも柵です。

かの夏目漱石は『草枕《くさまくら》』の冒頭の一節で、こう述べています。

「山路《やまみち》を登りながらこう考えた。智《ち》に働けば角《かど》が立つ。情《じょう》に棹《さお》させば流される。意地を通せば窮屈《きゅうくつ》だ。とかくに人の世は住みにくい」

「住みにくければ、寛容《くつろげ》て、束《つか》の間《ま》でも住みよくせねばならぬ」、ともいっています。

あなたを縛《しば》っているものは何か。これは禅の公案《こうあん》です。

②　職場の部署と仕事にウンザリ

質問

就職して一ヶ月余り。期待外《はず》れの部署と仕事にウンザリです。妙案はないですか？

（二〇一八年五月の質問）

―― 〈回答〉 ――

毎年この時期（五月）には、「五月病」などということを耳にしますが、最近では「六月病」も増えていると聞きます。

これは、何も新入社員に限ったことではなく、入学後の生徒や学生にも、多かれ少なかれ見られる傾向のようです。

では、それは何によるものなのか。まず第一に考えられるのは、一つの目的が達成された、〝ホッ〟とした安堵《あんど》感。第二は、〝ヤレヤレ〟と張りつめた心がとけた、虚脱《きょだつ》感。

第三には先行き不透明な、不安感などが起因しているのではないでしょうか。そんな折りも折り、思い描いた理想に反する現実に直面すれば、誰しも戸惑《とまど》うのは当然です。

さて、「妙案」ですが、率直にいって、即効薬は思いあたりません。敢えていえば、そのウンザリ感を雲散霧消《うんさんむしょう》させる術《すべ》に、こだわり過ぎない、性急に結果を期待しないことが、妙案といえば妙案です。

つまり、思い通りにならない現実と、そこに置かれた自分が向き合い、苛立《いらだ》たず、焦らず、「見極めの時期が今」、なのだと思ったらどうでしょう。そのほうが却《かえ》って、曇りがちな気持ちに晴れ間が見えてくる、「雲去《ウンザ》り」になると思うのです。

もう一つ気になったのが、「期待外れ」という点です。誰にとっても夢と希望、期待を抱《いだ》くというのは、人生、一つのロマンです。

これなくしては、どこからも、生きがいなど生まれるはずはありません。だからといって、それさえあれば報われる、という保証もありません。

話をわかりやすくするために、少しかみくだいて二、三の例を挙げてみます。

この五月の連休、私の住む埼玉県の東部・春日部地域では、例年の通り、一斉《いっせい》に田植えが始まります。畔道に立って、農耕にいそしむ姿に接していると、フト、古歌の一首が思い出されます。

この秋は雨か嵐か知らねども
今日のつとめの田草とるなり

秋の収穫、実りを期待するからこそ、農事に精も出せます。とはいえ、それは所詮《しょせん》、アテとかハズの領域で、多くは、自然に委《まか》せるしかありません。たとえば、台風が来たら無駄だからといって、田草を取る今日一日の務めを、疎《おろそ》かにするわけにはいかないのです。

今月（五月）は、「大相撲五月場所」が国技館で興行されます。協会には、いまだに相撲苦《スモーク》が燻《くすぶ》っているようですが、大方のファンの熱望は、三横綱の揃い踏みではないでしょうか。

それは、若い力士達にしても、たとえ高嶺の花ではあっても、何ものにもかえがたい、憧《あこが》れの絵姿に違いありません。十両以上ともなれば、華やかな化粧回しの土俵入り、拍手の中の勝名乗り。時として、分厚いまでの懸賞金……。

しかし、そこまで出世できるかどうかは別にして、新人力士が直面するのは「下積み生活」そのものです。〈付き人は嫌だ〉。〈チャンコづくりに来たのではない〉。そんな理屈は通りません。

噺家《はなしか》の世界も似たようなもので、初めから高座《こうざ》に上がれるわけではありません。前座《ぜんざ》・二ツ目・真打ちと登りつめていくのですが、すぐには、その前座にもなれません。師匠に許され弟子入りすると、まずは「前座見習い」。大半は雑用の明け暮れです。

〈エー、毎度バカバカしいお笑いを――〉。そこに至るまでは、バカバカしくても、お茶汲みしたり、羽織《はおり》・袴《はかま》を畳《たた》んだり、カバン持ちで右往左往したり。そうした生活の中を掻《か》い潜《くぐ》るようにして、少しずつ芸道を会得《えとく》していくものなのです。

こうした道程《みちのり》を通して、人は、「自分に」ふさわしい道を描きながらも、一方では「自分が」その道に近づき、職業と自分がふさわしい存在になるよう、努力と工夫を重ねていくものだと思います。ふさわしいとは、相応することと。均衡《きんこう》がとれていて、いえることです。

要するに、部署や仕事が自分に適応してくれることなど、あり得ません。水前寺清子さんは「三百六十五歩のマーチ」で、♪しあわせは歩いてこない　だから歩いてゆくんだね――と歌っています。

なるほど、この点をよく吟味しないと、どんな職種についても、結局、「運去《ウンザ》り」に陥《おちい》りかねません。

孟子《もうし》の言葉に、

「道は近きにあり然《しか》るにこれを遠きに求む」

とあり、また『菜根譚《さいこんたん》』には、

「楽処《らくしょ》の楽は真楽《しんらく》に非《あら》ず　苦中に楽しみ得来《えきた》りて　纔《わずか》に（それでこそ）心体の真機《しんき》（本当の働き）を見る」

とあります。また、「楽は苦の種、苦は楽の種」ともいいます。以《も》って肝に銘ずべきでしょう。

③ 定年退職後、何もかもうとましい

質問

定年退職後の新年。現役を外れた日々は、何もかもが疎《うと》ましく、手につきません。

（二〇一七年一月の質問）

――〈回答〉――

女性のめざましい社会進出が取《と》り沙汰《ざた》されている昨今。一方、「男は仕事」、といった意識はまだまだ根強いようです。

その点からすると、男性の職場は人生を賭《か》けた土俵そのもの。退職は、慣れ親しんだマゲを切ったも同然ですから、気落ちするのはもっともだと思います。

「仕事人間」はある意味、男の勲章のようなもので、〈仕事を取ったら何も残らない〉ことを誇りとしている人は、私の身近にもいます。

しかし、在職中の〝勲章〟を胸に掲《かか》げて、家に籠《こも》っている姿は、絵にもならないでしょう。

いっそ、同じぶらさげるなら、〈これからはゴミ袋でも、買い物袋でもぶらさげよう〉といった具合に、思い切って開き直った方が、心が解放された分、活力も湧いてくるかもしれません。第一、周囲の人の気兼ねも、軽減されるというものです。

要するに、過去を美化し過ぎないことです。たとえばことわざの「逃した魚は大きい」。これは、釣った魚を取り逃したりすると、口惜《くや》しさのあまり、ことさらに大きく見えてしまうというのです。

つまりそれは、すでに幻の大魚で、いま手にしているのは、ふくらんだ拘《こだわ》りでしかありません。ならば心機一転、新しいエサに付け変えて、改めて竿《さお》を振り出す。これしか方法はないでしょう。

とはいえ、人はとかく、過去に縛《しば》られがちな存在ではあります。昨秋（二〇一六年の秋）、そんな心理を如実《にょじつ》に語る書画と出会いました。出《い》光《で》美術館の「大仙厓展《だいせんがいてん》」に足を運んだ折りのことです。

仙厓義梵《せんがいぎぼん》（一七五〇～一八三七年）という方は、江戸時代、博多（福岡市）・聖福寺《しょうふくじ》を中心に、庶民から、もっとも敬慕された臨済宗《りんざいしゅう》の高僧です。ユーモアに長《た》けた、ほのぼのとした文章と画風は、現代でも、多くの人の心を魅了して離しません。

さて、展示された作品の中に、「犬図」と題する一幅の絵がありました。横向きの子犬が項《うな》垂《だ》れ、からだに二重の帯が巻かれ、そこから細ヒモが伸びて、倒れた木杭《きぐい》が結ばれている、といった構図です。

その上段の賛《さん》（絵画の余白部分に主意となる句や詩歌などを添えたもの）には、「きゃふんく《きゃふん》」と書かれています。「ぎゃふん」（負かされて抗弁《こうべん》や太刀打《たちう》ちのできないさま）ならばわかりますが、ハテ「きゃふん」とは——。

思案投《しあんな》げ首《くび》。やむなく「どうにもならない失望感。力の抜けた虚脱感、その嘆き」、と我流の解釈をしてみました。

「犬図」はもう一幅《いっぷく》あって、こちらは正面図で、賛は「きゃんく《きゃん》」。

共通点は、横に倒れた木杭です。これがポイントだ、とは思うのですが、では何を物語っているのか。

木杭は、根元からスッポリと抜け切っている。なのに、立ち往生したり、伏せたままで身動きがとれず、二進《にっち》も三進《さっち》も行きません。

束縛しているモノなど、すでにないのに繋《つな》がれていると錯覚し、自縄自縛《じじょうじばく》して、自由を見失っている……。

また見かたによれば、木杭をいいわけのタネに、怠《なま》けているようにも見えます。

仙厓和尚は、〈自己を縛るものは何か。その正体を明らかにせよ〉、と問いかけているような気がします。

そう考えますと、「何もかもが疎ましく」なった元凶は、「現役」という木杭なのかもしれません。

梅の木が好例で、成木《せいぼく》も老木《ろうぼく》も花を咲かせますが、老木は、「老梅樹《ろうばいじゅ》」としての現役を生きています。その風情には、成木をしのぐ味わいさえ感じられます。

「香厳撃竹《きょうげんげきちく》の逸話」があります。

香厳禅師は、若い頃より理知聡明《りちそうめい》な方でしたが、その博学さがかえって徒《あだ》となり、なかなか悟りが体得できなかったそうです。

半《なか》ば断念して師の下を去り、草庵《そうあん》を結んで起《き》居《きょ》する日々。ある日、庭掃除をしている最中、落葉にまじった小石が竹に当たり、〝カツーン〟と音をたてました。静寂さを貫く澄んだ響《ひびき》――。これによって悟りを得たとされます。

その境地について、私なども知る由《よし》もありませんが、禅では修行の妨《さまた》げを、大きく二通り示しています。

その一つは「所知障《しょちしょう》」で、知識が禍《わざわい》する。俗にいう「頭でっかち」です。二つ目は「煩悩《ぼんのう》障《しょう》」で、一切の欲望を意味します。また、仮《かり》の実在に対する執着で、「無いものネダリ」はこれに当たります。

ともあれ、疎《うと》ましさを取り除くには、香厳禅師の掃《は》き掃除に、肖《あやか》ってみることでしょう。

④ 家業が不振で死にたい

質問

家業《かぎょう》の不振が続き、死にたいほどです。親戚《しんせき》は、「不運は宿命だ」というのですが……そうなのでしょうか？

（二〇一六年八月の質問）

――〈回答〉――

ことわざの「いつまでもあると思うな親と金」。これには下《しも》の句があって、「無いと思うな運と災難」と続きます。

一見、チャカされているようで、しかしよくよく吟味《ぎんみ》してみると、私たちの生きる営みの一断面を、ズバリと切り捌《さば》いた、深い意味合いが感じられます。

人生には、〈あるだろうか、あってほしい〉と期待していたことや、あって当たり前、と思っていた物事が裏目に出る。そんな状況に往々にして出会います。

また、〈先《ま》ずないだろう〉、と高《たか》を括《くく》ったわけではなくとも、たまたま意に介さなかったことに出会《でくわ》すことがあります。まさに青天の霹靂《へきれき》で、突如、雷雨に見舞われたりもします。「本降りになって出て行く雨宿り」とは、何と皮肉なことか。

そうした不運があるかと思えば、逆に「台風一過」。ウソだったように上天気が訪れ、しばし晴々しい気分に浸《ひた》れもする――。

賭事《かけごと》をする人は、〈ツキ（付）はツキを呼ぶ〉といいます。晴天の上に、月ならぬ虹まで懸《か》かったりすれば、何となく得をした気分にさせられます。実に妙なものです。

こうしてみると幸運（好運）や不運は、個人の知恵や努力だけでは遠く及ばないのだ、という結末になりそうです。

たしかに、あなたの「家業の不振続き」も、一面、ツキに見放された状況のように見受けられます。

グローバルな観点に立てば、経済の冷え込みは世界的に蔓延《まんえん》し、日本の社会も、消費の停滞は解消されぬまま推移しています。アベノミクスによる三本の矢も、現状では、「三種の神器」の霊力には、なりそうもありません。

だからといって、〈自分の不運はそれらに起因しているのだ〉、とだけ嘆いていても、問題の解決にはならないでしょう。

話は飛躍しますが、六十年ほど前のこと。私が中学生の頃ですが、島倉千代子さんが『この世の花』でデビュー、大ヒットさせました。

その一節が、「想うひとには嫁がれず　想わぬひとの言うまま気まま……散るもいじらし初恋の花……」でした。

歌詞の中味から想像すると、散ったのは「初恋」という花であって、いのちまでは散らしていません。想わぬ人との暮し。それでも、健気《けなげ》に生き抜いているかのようです。たかが〈流行歌の歌詞じゃないか〉、などと見くびってはなりません。

あなたは、幾度かの不運・難儀に出会い、「死にたいほど」だといわれる。

しかし考えようによっては、打ち続く「家業の不振」という不運こそが、実は最後の不運となるはずの、「自殺」を思いとどませる原動力だった、ともいえるのではないでしょうか。

つまり、そのつど、新しい活路を切り開いてきた〝賜《たまもの》〟だった、と思うべきです。

最近、私が手にした一冊に、『植物はなぜ動かないのか』（稲垣栄洋・著＝ちくまプリマー新書）があります。その中の一節を抜粋し、参考に供したいと思います。

> 植物は動かない。「動けない」ときもある。動物は居心地が悪ければ、より適した生息場所に移動することができる。
>
> 固着性のある植物は、そこに根を下ろしたら、その場所で生きるしかないのだ。そんな植物の生き方は、残念ながら、環境を変えるような力はない。変えられるものは「植物自身」である。そのため、植物はさまざまな変化をする。この能力を「可塑《かそ》性《せい》」という。大きくなったり、小さかったり、縦に伸びたり、横に枝を伸ばしたり、環境に合せて自分を変化させるのである。

『梵網経《ぼんもうきょう》』に、
「一度人身《ひとたびにんしん》を失えば万劫《まんごう》に還《かえ》り難《がた》し」
とあります。万劫とは、とてつもなく永い間ということです。

一度失ったら、二度とない人生。死にたい思いをかかえ、それでも死なずに家業を続けるとしたら、植物にならって創意工夫。自分自身の、目の付け所を考え直す他ないでしょう。もし植物に言葉があれば、「死んで花実が咲くものか」と、キッパリいうに違いありません。

ところで「宿命」とは何か。それは、世の中の出来事は、全て前世から、そうなるように定まっている運命を意味します。

しかしそれは、仏教の中でもきわめて消極的な立場であって、釈尊は経典のあらゆる場面で、いのちは運ばれるものではなく、運ぶことだと強調されています。そこで、常に「精進《しょうじん》」を促《うなが》されています。つまり不断（普段）の努力を惜しまないことです。

そして、禅は、「心田《しんでん》を耕す」ことをすすめています。枯らさぬように荒れさせぬように、自己の内面の開墾《かいこん》に汗したいものです。

⑤ 新居の玄関が「鬼門」で落ち込む

質問

新居《しんきょ》を構えましたが、玄関《げんかん》が「鬼門《きもん》」に当たると聞かされて、気落ちした毎日です。どう考えたらいいのでしょう？

（二〇一六年十一月の質問）

――〈回答〉――

方位や家相《かそう》など、「鬼門」を避けるという風習は、古くから、根強くありました。代表的な例をあげるとすれば、今の京都市の中心部に当たる平安京。

ここは、桓武《かんむ》天皇が西暦七九四（延暦《えんりゃく》一三）年、長岡京《ながおかきょう》から都を移した地で、その北東に位置するのが比叡山《ひえいざん》です。ですから、延暦寺《えんりゃくじ》の建立《こんりゅう》は都を護る意味もあったのです。

また、江戸時代のこと。上野の東叡山寛永寺《とうえいざんかんえいじ》も、江戸城から見るとその方向です。つまり、鬼門は北東にあるとされ、「鬼門除《よ》け」が講じられていました。

その一方、

花の山 鬼の門とは おもは《(わ)》れず

といった川柳があります。桜に見《み》惚《ほ》れて散策する〝善男善女《ぜんなんぜんにょ》〟。〈どこが鬼の往来口《おうらいぐち》だ〉、と一《いっ》蹴《しゅう》するのは、その日暮らしに追われる庶民の生活実感からなのでしょう。

ところで、表があれば裏もあるで、鬼門にも「裏鬼門」の方角は南西だとされます。こうなりますと、家屋の造作にも、手を替え品《しな》を替えなくてはなりません。

「過ぎたるは及ばざるが如《ごと》し」、といいますが、こだわり過ぎれば、物心両面の負担も並大抵ではありません。それなりの、目に見えた成果が得られれば別ですが……。

『話の大辞典』（日置昌一・著＝名著普及会・刊）に、「家相の話」があります。これを要約し、わかりやすく、現代的に意訳してみたいと思います。

家相というのは、邸宅の位置や、周囲の形状、あるいは、移転の方角などのありさまを判断して、その吉凶を占うことをいう。我が国では、江戸時代から盛んになり、難病や災難から免《まぬが》れるとして、これに心服する人も少なくない。

ある商人は、わざわざ遠方から家相家を招き、指図《さしず》通りに家屋を建築。吉相《きっそう》この上ないといわれ、三ヵ年、福運を待ちに待ったが、結局、散財が祟《たた》って家が絶えてしまった。

また、ある家では、家相家の指示のまま

に門を建て替え、土蔵を移して「吉相満てり」と喜んでいた。ところが、翌年の春、家族全員が疫病《えきびょう》を患《わずら》い、家督《かとく》を相続する息子も亡くし、家・財産も失ってしまった。

著者が指摘しているように、これは極端な例ではあります。しかし、話の後段《こうだん》で警告しているのは、「誑《たぶ》らかし惑《まど(わ)》はす事」に、「溺《おぼ》れ誘《さそわ》るゝ事なかれ」で、傾聴に価《あたい》することだと思います。

禅宗では、

「迷故三界城　悟故十方空　何処有南北

本来無東西」

といいます。これは無着道忠《むちゃくどうちゅう》禅師《ぜんじ》の書物に見える文言で、昔は葬儀の棺《ひつぎ》に、今でも六角塔婆《ろっかくとうば》などに書写されます。

といって、決して葬式用語ではありません。内容的には禅の境地が示されているのです。

「迷いの故《ゆえ》に三界《さんがい》は城　悟りの故に十方《じっぽう》は空《くう》　いずれの所にか南北あらん　本来は東西もなし」

こう読み下《くだ》すと、意味が解《と》きほぐされます。この場合の城とは囲った場所で、三界とは、簡単にいえば私たちの生きている世界です。迷いに填《はま》ると、きゅうきゅうとして、身と心が抑《おさ》えつけられてしまいます。

悟りを得れば、四方（東・西・南・北）、四維《しい》（北東・北西・南東・南西）、そして上下。あらゆる場も心も、融通無碍《ゆうづうむげ》となり、とらわれがありません。やれ南だ北だ、東だ西だ――。それは本来あるべき生き方とは無縁の、こだわりの産物だと知るべきだ、という意味になります。

鬼門についても、こうした目で見るべきではないでしょうか。科学的未発達の時代には、それなりの工夫を凝《こ》らして、どうしたら安心・安全な生活を営むことが出来るか。そこに眼目《がんもく》を置いた結果だったのでしょう。

鬼という名の起こりは、隠《おん》、または陰《おん》の転訛《てんか》（言語の音がなまって変化したもの）だといわれます。陰湿さは、実生活の場でも、精神上も、健《すこ》やかさに欠けます。

昔は、ともすれば、上・下水道ともに非衛生的になり、台所、洗面・トイレなど、水回りは深刻でした。鬼門という考え方にも、それなりの説得力があったと思います。

その点、現代は衛生管理が行き届いており、迷信を恐れる必要はありません。要は、住宅事情もありますが、出来る範囲で、水捌《は》けと風通し、陽当りに心懸けるべきでしょう。

ところで、例の豊洲《とよす》新市場の経緯と行方は、混沌としています。江戸城（皇居）、都庁からもおよそ南東にあり、鬼門ではありません。しかしです。土壌汚染、財政問題、あるいは利権など、鬼がウヨウヨ蠢《うごめ》いているかもしれません。

⑥ 息子のダラケた態度が悩み

質問

息子は四月から高校生。このところ、すっかりダラケ切った態度に、悩んでいます。どうしたらいいでしょう？

（二〇一五年三月の質問）

——〈回答〉——

親の立場からすれば、ヤレヤレと一息つきたいのがこの時期。春休みとはいえ入学式までの間、ゴロゴロされては苛立《いらだ》ちもつのる。そこで小言をいえば反発する。こんな状況が目に浮かびます。

しかし、息子さんの側《がわ》に立てば、志望校であったか否かは別にして、受験という一航海を乗り終えて、しばし母港での息抜き——。そう割り引くことは出来ませんか。

〈それが、今に始まったことではないのです。もう中学生でもありませんし……〉。そんな反論の声が聞こえてくる気がしますが、余り「以前」にこだわり過ぎても、親子ばかりか、夫婦関係にさえも悪影響を及ぼし、収まりがつかなくなるものです。

少なくともこの一年は、親も子も立場こそ違え、ハラハラドキドキ、イライラの繰り返しだったのではありませんか。

その起伏した思いは、まだ心の底のマグマとして澱《よど》み、沈静化していないと見るべきです。それを、いたずらに刺激して、カッカ（活火）させるのは無益《むえき》というものです。

「風樹《ふうじゅ》の嘆《たん》」という諺《ことわざ》があって、それは、

「樹静かならんと欲すれども、風止まず」

といっています。

たとえ自分では平静さを願っても、生きる営み、なかなか思い通りに事は運びません。浮世《うきよ》は憂《う》き世。政治家でしたら、この風を「抵抗勢力」というのでしょう。

「風樹の嘆」では、さらに続けて、

「子養わんと欲すれども、親待たざる也《なり》」

と説いています。親の恩に気づき、手を差し伸べようと思い立った時には、すでに亡くなってしまって果たせない――。

何とも皮肉な結末ですが、確かに、その時その日が来なければ、なかなか気づかないという。これも人情。つまり、親は気長に待つべきなのでしょう。

そこで私は、あなたの質問に当てはめて、この一節をパロディ化してみました。

「親仕込《しこ》まんと欲すれども、子枠《わく》に入らざる也」

と。つまり、規格品とは訳が違います。

コンクリートなどを流し込み、成形するのを

「型枠《かたわく》」といいますが、親の思わく通りにならないから、子育ては妙味《みょうみ》があるのです。

それから「ダラケ」るということですが、近頃の家庭では、押し並《な》べて子どもの仕事がないのです。「子ども用」という意味ではなく、家族構成の一員としての役割りが、です。

要するに、させないから、やれないのです。習慣性がなく付焼刃《つけやきば》だから、いざやるとなると、シンドくなってダラケてしまう、これは当然の帰結というべきものでしょう。

それを克服させるには、本当は幼・児童期の方が効力があったとは思いますが、まず、些細《ささい》なことでもさせてみて、「誉《ほ》（褒）める」という親の姿勢が大切です。

ただし、昔から「煽《おだ》てと畚《もっこ》には乗るな」という格言もあるように、「誉める」ことと「煽てる」ことを混同してはいけません。

煽ては、つまるところあおり立て、唆《そその》かすだけのことです。また畚は土芥《どかい》（土やゴミ屑《くず》など）や肥料、農産物を運ぶ網状《あみじょう》に編《あ》んだ用具ですから、本来、人を乗せるべきものではありません。それを煽てて調子づかせると「悪乗《わるの》り」になりかねません。

大事な点は、相手の長所をとらえ、的をはずさない上手な誉め方です。〈そういわれればそうかも……〉。そのうれしさが励みになり、一日が波状的《はじょうてき》に弾力を増すことでしょう。

自分が理解してもらえている、という信頼が芽生えれば、仮りに叱《しか》られても、苦にならなくなるものです。

この辺りをバランスよく使い熟《こな》した達人がいます。それは、往年の南海ホークス（現・福岡ソフトバンクホークス）の名監督・鶴岡一人《かずと》氏でした。

監督は、特定の選手を叱りつける時は、人前を憚《はばか》り、かならず一対一になったそうです。プライドを重んじたからでしょう。まずは、その日や最近の成果を誉めます。

選手にしても、〈いつものメニュー〉、とは思いつつ満更《まんざら》でもない中、〈それほどの力量なのに！〉の落雷――。

しかし皆、〈善かれと思えばこそ〉の心情に打たれ、ホロリともさせられ、奮《ふる》い立ったと伝えられています。

『修証義《しゅしょうぎ》』の一説に敢えて当てはめれば、

「慈愛の心を発《おこ》し、顧愛《こあい》の言語を施《ほどこ》すなり」

となります。また「徳あるは讃《ほ》むべし、徳なきは憐《あわれ》むべし」。その思いと言葉に支えられ、人は積極的にもなり、自ら成《な》し遂《と》げる喜びに、ひたることが出来るのです。

⑦ 子どもにスマホをねだられる

質問

子どもに、スマホをねだられています。生活のリズムが乱れないか、不安です。与えていいものでしょうか？

（二〇一四年九月の質問）

——〈回答〉——

次のような詩を、目にしたことがあります。

お母さんは、僕がステレオが欲しいと言えば買ってくれた。
お金が欲しいと言えばくれた。
欲しいものは何でもくれた。
だけどお母さんは、僕に何にもくれなかった。

（『教育例話事典』＝ぎょうせい刊）

いま私は、ステレオとお金をスマホに置きかえて、あなたの相談と、この詩から伝わってくる、子どもの訴えを推《お》し測《はか》っています。

単行本であったか雑誌だったか。ある人の、こんなエピソードも思い出されました。文章としては疎覚《うろおぼ》えですが――

「信号待ちの四つ角で、偶然に親子連れに出会った。その四、五歳の男の子が、杖を頼りに歩いて来る高齢者を見て、〈あのおじいさん、電池切れるかもね〉といった」

「その母親も慌《あわ》てたし、他人の私もギョッとした」

先ほどの詩とこのエピソードの中に、私は、二つの矛盾した子どもの「視線」を感じます。

その一つは、物を過保護に与えられるだけでは、それを真の愛情、恵みとは受けとめられない、という事実です。

「何でもくれた」、でも「何もくれなかった」。その「何」とは何かを、親は熟慮《じゅくりょ》する必要があります。

二つ目はその逆です。今日の社会は、人間性や命さえ、ややもすれば、物のように扱われる風潮です。その現象が、いたい気《け》な子どもの心にまで及んでいる、という実態。それをこの幼児は単刀直入に、「電池」という直感的な発想で表現しました。鋭いといえば鋭い……。

幼・児童の世界では「ロボット活劇」ともいうべき番組が、相も変わらず謳歌《おうか》しています。「バァーチャルリアリティ」（仮想現実）は、若者にも受けていますが、空想好きな子どもの目には、ロボットも人間同様、と映って見えるようです。恐ろしいのは、人間もロボット同様と思い込んでしまうことです。

電池ならば交換は可能です。しかし使い捨

てが出来る命など、どこにあるというのでしょう。ギョッとして、背筋が寒くなります。

急激に普及したスマホですが、社会現象として、この物と、命・心といった問題が、昨今、しきりに取り上げられています。子どもの所在確認、保護の目的をこえた弊害です。

ＮＨＫテレビでも何度か、スマホと青少年の関わりを報じています。生活のリズムの乱れについても、さまざまな指摘があります。その中で私が関心を持ったのは、「十二歳以下の子どもにスマホやタブレットを持たせないほうがいい理由五つ」でした（『時論公論』）。要約してみますと、

①脳は〇《ゼロ》歳から二歳の間に三倍の大きさになり、二十一歳までに急速に発達する。この時期にタブレットから受ける脳への過剰な刺激は、注意欠陥、認知の遅れ、学習障害、かんしゃくなどを引き起こすといわれる。

②体を動かすことが減り、結果として発達障害につながる。

③寝室でのタブレット利用を認められている子どもは、肥満になる確率が三十％上がり、糖尿病や心臓病をもたらす原因となっている。

④寝室でのタブレット使用により、九歳から十歳の子どものうち、七十五％が睡眠不足による有害な影響があるとされる。

⑤使い過ぎが、うつ病、精神不安、注意欠陥、自閉症など、精神的な問題の原因になりうる。

これはアメリカやカナダの小児学会で発表されているそうです。その他にも、心の成長を阻害する、あるいは生活上での悪影響とされる具体例が、細々と述べられています。

たとえばラインを手段にした、グループによるいじめ。見知らぬ人とのメールによる性犯罪、傷害・致死事件。有害なサイト等々です。

皮肉な言い方になりますが、これらの詳細については、テレビでもなく、新聞でもなく、実はインターネットで知ることができます。

最近では、スマホやタブレットを、保育の一環にしている幼稚園もあるようです。小・中・高校では勿論のこと。何せ広汎《こうはん》な情報や知識を、迅速《じんそく》に処理する利便性をそなえていますから、将来にわたっての、必須の教材ではあるでしょう。

しかしこれもまた、原子力と同様「両刃《もろは》の剣」に他なりません。アダムとエバが、蛇に誘惑されて食べたという、「禁断の木の実」にしてもなりません。

物に対する望ましい心のあり方を、主体的に確保することは、スマホの利用にもいえるでしょう。

『法句経《ほっくきょう》』の一節に、

「自己の心を師と為《な》す　他に随《したが》って師と為さざれ」

とあります。くれぐれもスマホに使役《しえき》されないよう、よりよいルールづくりに、親子の膝を交えてください。

⑧「自分」を取りもどしたい

質問

便利になった反面、慌《あわただ》しい世の中です。「自分」を取りもどす、仏教の智慧《ちえ》を教えて下さい。

（二〇一六年九月の質問）

——〈回答〉——

前にも紹介しましたが、亡くなった噺家《はなしか》・立川談志師の小話《こばなし》に、医者と患者のやりとりというのがあります（本書13ページ参照）。ここでそれをもう一度みてみましょう。

「先生。近頃、モノ忘れがひどくて……」

「ホゥ。モノ忘れがひどい。それで、それはいつ頃から？」

「ハァ？　何がです？」

もの忘れがひどい人に、「いつ頃から？」が面白いし、「何がです？」も笑いをさそいます。

それでいて、笑いだけで終わらず、なぜか考えさせられるのは、さすが談志師匠。それは

「いつ頃から?」が効《き》いています。

患者の訴えなど、どこ吹く風でやり過ごす一部の医師の、職業的悪癖《あくへき》を、ズバリと突いているとも聞こえます。

その一方、見方を変えれば〈実は、四月の花見の時分から〉、とでも返答があれば、〈異状なし!〉。「いつ頃から?」は、有効な問診だったといえます。

医者を借りて、ものごとは上辺に流されず、よく吟味《ぎんみ》しなくてはならない――。そんな教訓が、話のツボに込められているような気もします。

「自分」という存在も同様です。

これも落語の一節ですが、もの忘れの激しい男が、〈私は誰でしょう。どこへ、何をしに行くのでしょう〉と、聞きまわる話があります。

現実の世の中では、誰も答えようがない問いです。結局、自問自答するのが最善の方法で、何が自分なのか、何を求め、どの方向をたどろうとしているか。よくよく吟味してみなければなりません。この「吟味する」ことが取りも直さず「自分を取りもどす」ことになるのです。

ある時のこと。講演を依頼され、「いのちの色模様《いろもよう》」と題した話をしました。

その中の冒頭部分で、

「いのちに色があるかないか、手に取って見ることも、見せることも出来ない。

しかし、縁起《えんぎ》や業《ごう》を説く仏教の立場からすれば、いのちは無色透明であっても、何かの条件・作用・力が加わることによって、いわば色付けされるのではないか。

つまり現象として、いのちの色模様があ

らわれる」

と、述べたのです。

今、そのいのちを「自分」に置きかえて考えてみようと思います。

一口に自分といっても、身体的には見ることが出来ても、精神的には、掴《つか》みどころがないのは事実です。そこで、適切かどうかはともかく、虹はどうして起こるか、ということを思いつきました。

虹は、日光が大気中の水滴によって、屈折・反射された時に、プリズムのような作用をするのだそうです。雨上りなど、その光が分散して、七色の弧《こ》が描かれます。

自分という存在は、もっと複雑に変化する色模様かもしれませんが、それは何によるかといえば、先にも述べた、縁起・業の然《しか》らしめるところだといえるでしょう。

この仏教の理法を通して、自分というもののありようを観察する。それは、自分を取りもどす客観的なキッカケともなるものです。

世の中、どこを見まわしても、便利さ、快適さの追求に振り回されている感《かん》が否《いな》めません。腰の座った生き方が、きわめて難しい時代です。

科学も、転ばぬ先の杖《つえ》どころか、一人歩きの歩を早め、それを、セカセカ追いかけているのが、私たち人間のようにも見受けられます。

その結果として、人間は、人工知能を持つロボットに振り回されかねません。ロボットが自分を主張する……。となれば、何とも空恐《そらおそろ》しいことですが、近未来は、一体どうなることでしょう。

禅には自己の存在・生き方に関わる、着目すべき「問答」があります。


僧、趙州《じょうしゅう》に問う。十二時中、如何《いかん》が用心せん。

州云《いわ》く。汝《なんじ》は十二時中に使われ、老僧は十二時中を使い得たり。

汝、那箇《なこ》の時をか問う。

意訳すると、

「一日二十四時間、どのように心懸《こころが》けて過ごしたらよいでしょう？」

修行僧のこの質問に、趙州禅師《ぜんじ》は、

「おまえは、過ぎ行く時に引きずられて、自分自身の正体さえ見失い、ただアクセクと日を重ねて生きてはいないか。

私は、その時というものを手中に収め、折り折りに使い熟《こな》している。さて、どちらを生きる道とすべきかな？」

この稿を綴《つづ》っているのは、（二〇一六年の）七月十五日。朝顔が、今を盛りと花をつけています。しかし――

朝顔ははかな花だよ根もない竹に
命までもとからみつく

何を支えにして生きるか、が問われます。

⑨ 長い入院生活と仏教書

質問

長い入院生活で、退屈しのぎに仏教書を入手。でも、難解すぎて手に負《お》えません。何か良いアドバイスはありますか？

（二〇一四年七月の質問）

――〈回答〉――

娯楽や、話題を提供する雑誌の類《たぐい》と違い、仏教書となると、果たして「退屈しのぎ」の対象となるのだろうか。そんな疑念をはさんだら、話が先に進まず、元も子もなくなりますから、やめにします。

たしかに、小康《しょうこう》状態以上に健康が保たれていれば、日常は、検温・食事・服薬、あるいは検診・注射――。それ以外は、専《もっぱ》ら〈安静に〉ですから、何をするのでもなく、単調な病院生活に感じられるのでしょう。

しかし、その退屈と思える時間さえも、時計の振り子は絶《た》え間《ま》なく、いのちの行方《ゆくえ》を刻んでいるのです。

病苦に責《せ》め呵《さいな》まれている過程では、そんな余裕など、微塵《みじん》さえもなかったことでしょう。そう考えれば、退屈紛《まぎ》れとはいえ、仏教書を手に出来たのは、何よりのことだと思います。

動機はともかくとして、その点からすれば、病院という療養生活の場が、仏教書によって修養《しゅうよう》の場にもなった、ともいえます。

読書一般に通じることですが、文章を追っている中で、作者の意図がつかめず戸惑《とまど》うことも、往々《おうおう》にしてあります。

難解さは、用いられた語句ばかりでなく、情景や状況にも及び、私などもしばしば梃摺《てこず》っています。けれども、それも読書の醍醐味《だいごみ》。手に負えないからこその、後の美味《びみ》・妙味《みょうみ》なのです。

古人は、

「薬酒《やくしゅ》は口に苦《にが》けれど病に利あり、忠言《ちゅうげん》は耳に逆《さか》らえども行いに利あり」

と諭しています。一般でも、「良薬口に苦し」、「耳の痛い話」などといいます。

この「薬酒」と「忠言」を、「仏教書」に見立ててみたら、いかがでしょう。サジを投げるのは、いつでも出来ます。そうする前に、何度か読み返し、拾い上げ、一行一節《いちぎょういっせつ》なりとも、自分なりに掘り下げてみる――。

いわば相撲の仕切り直し、といったところでしょうか。段々、立ち合いの呼吸も合ってくるものです。

仏教書を、単なる知識の吸収で終わらせては、まったくもって勿体《もったい》ないと思います。なぜならば、専門書は別にして、生きる上での「心の糧《かて》」として扱うべきものだからです。

仏教書を繙《ひもと》くということは、文字を通して、仏道修行をすることに他なりません。その意味では、「精進《しょうじん》」こそ賜《たまもの》です。

釈尊も、その教えを伝えた祖師方《そしがた》も、この語を、しきりと示されております。釈尊の遺《のこ》された『仏遺教経《ぶつゆいきょうぎょう》』の中には、繰り返し繰り返し、精進することの肝要さが説かれています。

それは、倦《う》まず、弛《たゆ》まず、怠《おこた》らず修行すること。さらに砕いていえば、あきない、だれない、なまけないことです。

『正法眼蔵随聞記《しょうぼうげんぞうずいもんき》』という書物があります。

その中に、次のような説示《せつじ》がみられます。引用が長くなりますが、内容はもとより、文章の格調の高さも味わってください。

「然《しか》らば、学人《がくにん》、道心《どうしん》なくとも、良人《よきひと》に近づき、善縁《ぜんえん》にあふ《（会う）》て、同じ事をいくたびも、聞き見《みる》べき也《なり》。此《こ》の言《ことば》、一度《ひとたび》聞き見れば、今は見聞《みき》かずともと思《おもう》ことなかれ。（略）同じ事なれども、聞くたびにみがかれて、いよいよ、よき也」

ここに「道心」とあるのは、自分もさとり、人々をさとらせる心（自利《じり》・利他《りた》）をいいます。

「無道心の人も、一度二度こそ、つれなく《（ままならぬようでも）》とも、度々《どど》重《か》さなれば霧の中を行く人の、いつぬるる《（濡れる）》とをぼへ《（覚え）》ざれども、自然《じねん》に恥《はづ》る心もおこり、真《まこ》との道心も起る也」

「故に、知りたる上にも、聖教《しょうぎょう》を又々《またまた》見

るべし、聞くべし。(略)重々《かさねがさね》聞くべし、弥《いよい》よ深き心、有るなり」
(山崎正一校注・現代語訳＝講談社文庫を参考。カッコ内は筆者の付記による)

仏教書にたとえれば、経典・講話本にしても、要は繰り返し読んでみるべきで、それによって深遠《しんえん》と思われた内容も、徐々にではあっても、身近なものとなり、理解も深まってくる。このようにも理解されます。

私の卑近《ひきん》な例を挙げれば、映画がそうでした。好きなスターや感動したシーンが堪《たま》らず、上映館を渡り歩いたものです。

すると、忘れていた場面、見落としていた流れに、不意を突かれたように、出合うことがありました。物語の全体、前後、登場する人物像が納得できた喜び。これがまた格別の味わいだったことを、今でもよく憶えています。

時間的には退屈しのぎでも、その中味が心の浄化につながれば、それこそ「よき也」です。

⑩「もったいない」ってなあに？

質問

（※この質問は、小学校低学年の方からいただきました）

おとなは、すぐに、「もったいない」といいます。物《もの》を大切《たいせつ》に、ということですか？

（二〇一七年三月の質問）

――〈回答〉――

その通《とお》りです。エンピツやノート、けしゴム、水《みず》や電気《でんき》も、大切《たいせつ》につかわなければ、もったいないですね。

では、なぜ「もったいない」のか、考えてみましょう。

そこで質問《しつもん》します。あなたは、ご飯《はん》のおかずで、何《なに》がすきですか。

和尚《おしょう》さんが、小学生《しょうがくせい》に聞《き》いたところでは、お魚《さかな》だったら、カツオ、マグロ、サーモン。サンマの開《ひら》き、というおともだちもいました。でも、おさしみや切身《きりみ》、開《ひら》きは、海《うみ》をスイスイおよいではいませんね。

お魚《さかな》よりも、牛肉《ぎゅうにく》・豚肉《ぶたにく》、鳥肉《とりにく》がすき、という人もいるでしょう。お肉はハンバーグやギョウザにも、つかわれますね。それも、もともとは牧場《ぼくじょう》にいた牛《うし》、小屋《こや》の中《なか》でそだてられた豚《ぶた》、にわとりでした。

カレーライスのニンジンや玉《たま》ネギ、ジャガイモなどの野菜《やさい》は畑《はたけ》で。ご飯《はん》だって、田《た》んぼで生《い》きていたお米《こめ》です。

一匹《いっぴき》のいのち、一頭《いっとう》のいのち、一羽《いちわ》のいのち、一個《いっこ》のいのち、一粒《ひとつぶ》のいのち。人間《にんげん》は一人《ひとり》一人《ひとり》のいのち……。いのちに変《か》わりはありません。けれど、人間《にんげん》は生《い》きていくために、こうしたたくさんの「いのち」をもらっています。

それから、働《はたら》いてくれる人たちのことも、わすれてはなりません。

たとえば、船《ふね》にのって魚《さかな》をとる漁師《りょうし》さん。牛《うし》や豚《ぶた》、にわとりをそだてる人。野菜《やさい》やお米《こめ》をつくる農家《のうか》の人《ひと》。それを売《う》るお店《みせ》の人《ひと》。料理《りょうり》をしてくれる人《ひと》、お母《かあ》さん――。

そういう、たくさんの人《ひと》たちが、がんばって仕事《しごと》をしています。みんなが勉強《べんきょう》するのとおなじで、働《はたら》くことも、いのちをつかうことです。

私《わたし》たちは、かぞえきれないほどのいのちに、ささえられています。それを感謝《かんしゃ》する気持《きも》ちが、「ありがとう」、「おかげさま」、そして「もったいない」、という言葉《ことば》になりました。

「もったいない」という言葉《ことば》で、おもいだした話《はなし》があります。

むかしむかし、「おしゃかさま」という、とてもえらいお坊《ぼう》さんがいました。この方《かた》がいろいろ教《おし》えてくれたのが、「仏教《ぶっきょう》」です。

おしゃかさまは世界中《せかいじゅう》の人々《ひとびと》に、

「動物《どうぶつ》や植物《しょくぶつ》、そして人間《にんげん》だけでなく、物《もの》にもいのちがある。どんないのちも、大切《たいせつ》に生《い》かさなければいけません」

とよびかけました。

その教《おし》えをまもり、修行《しゅぎょう》した人《ひと》の中《なか》に、「アナン尊者《そんじゃ》」がいました。「尊者《そんじゃ》」の意味《いみ》は、「だれからも尊敬《そんけい》される人《ひと》」です。

ある日《ひ》のこと。王妃《おうひ》さま（王《おう》さまの奥《おく》さま）から、「五百着《ごひゃくちゃく》の衣《ころも》を寄付《きふ》したいので、うけとってほしい」、と連絡《れんらく》がありました。アナンさまは、「ありがとうございます」、といって素直《すなお》にもらうことにしました。

ところが、この話《はなし》をきいた王《おう》さまは、首《くび》をかしげました。「どうもおかしい。自分《じぶん》一人のためにに、そんなにたくさんの衣《ころも》は、いらないはずだ。尊者《そんじゃ》なのに、欲《よく》ばっているのではないか」。

あるとき王《おう》さまは、そのことをアナンさまにたずねました。すると、

「いいえ、私《わたし》のためではなく、やぶれた衣で一生懸命《いっしょうけんめい》に修行《しゅぎょう》している、仲間《なかま》に着《き》させたいのです」

とこたえられました。

王《おう》さまは、「なるほど。尊者《そんじゃ》は思《おも》いやりのある人だ」、と感心《かんしん》しましたが、まだ疑問《ぎもん》がありました。

「それならば、そのやぶれた衣《ころも》は、どうするのですか？」

「ぬいあわせてシーツにします」

「古《ふる》くなったシーツは？」

「はい。切《き》りとってまくらカバーにします」

「古《ふる》いまくらカバーは？」

「うまくつなぎあわせれば、床《ゆか》のカーペットになります」

「カーペットが古《ふる》くなったら、もうすてるしかないでしょう」

「いいえ。足《あし》ふきや、ぞうきんとしてつかえます」

王《おう》さまは、アナンさまのこたえに大きくうなづきました。

「もったいない」は、おしゃかさまの教えです。

「つかいすてにすれば、その物《もの》のいのちは、終《お》わってしまうが、生《い》かしかたによっては、こんなにも役《やく》に立《た》つことがあるのだ」

王《おう》さまは、ぜいたくな生活《せいかつ》をしてきたことを、心《こころ》の中《なか》で反省《はんせい》しました。

この仏教《ぶっきょう》のお話《はなし》の中《なか》から、「もったいない」とはどういうことか、わかってもらえたでしょうか。

食《た》べものは、食《た》べた人のいのちになります。血《ち》となり、骨《ほね》や筋肉《きんにく》になり、運動《うんどう》や勉強《べんきょう》の力《ちから》にもなります。

古《ふる》いものも工夫《くふう》をすれば、形《かたち》を変《か》えて、便利《べんり》につかうことができます。

もったいないということは、人《ひと》や物《もの》に生《い》かされている、そう気《き》がつくことですね。

第三章

浮世をみつめて

①「忖度」をどう思うか

質問

森友学園の問題以来、「忖度《そんたく》」が取り沙汰《ざた》されています。その善し悪しを、どう見ますか？

（二〇一七年九月の質問）

――〈回答〉――

耳なれない言葉でしたが、にわかに脚光を浴び、今では厳粛さより茶飲み種《ぐさ》。おもしろおかしく語られています。きっと流行語大賞にもノミネートされることでしょう。

忖度とは、たとえば、医師が患者の手を取って、「脈を見る」のに通じます。見るといっても目ではなく、「伝わってくるものを判断」するわけです。そこから、「他人の心中を推《お》し量《はか》る」意味になります。こう説明すると簡単明瞭のようですが、味わってみると、なかなか〝意味深《しん》〟で、複雑怪奇なシロモノです。つまり、忖度する人の「行為」に係《かか》わるからで、善にも悪にもなる、両刃《もろは》の剣《つるぎ》だからです。
もとは中国の古典・『詩経《しきょう》』に「他人有心予忖度之」とあって、その大意は、〈人の心の動きには、巧言《こうげん》（口先だけのきれいごと）や下心があるが、私はそれを見逃しません〉、というのです。

では、仏教は忖度をどう解釈しているか。『仏教語大辞典』（中村元著＝東京書籍）には、「思考。推理。論理」に続いて、「黠慧《げちえ》」・「乾慧《けんね》」と記されています。

黠慧とは、さとい、巧みな智慧のことですが、「賢《さか》しい」ともあって、聡明さとは別に、利口ぶる、悪がしこいといった意味（『広辞苑』・『新漢語林』）もあるようです。

乾慧とは乾《かわ》いている智慧ですから、「まだ水にたとうるべき理に達していない」。つまり、「うるおいのない智慧」（『仏教語大辞典』）をさします。

こうして見る限りでは、器《うつわ》（力量・才能）が十分に満たされていないのです。しかしこれは、仏教の智慧からすれば、であって、世間的智慧としては、「察すること」に通じますから、人としての、美徳の一つに数えることができるでしょう。

日常的にいわれている、〈お察しします〉には、少なからず相手の立場になって心情に添う、思いやりが込められています。

その範囲でなら、誰も忖度を否定しないはずですが、問題となるのは、物事の扱い方、人に対する接し方、遇《ぐう》し方に、「思わく」が生じていないか、という点です。

ところで、思わくは「思惑」と書き、見越

す、意図することですが、仏教語では「しわく」と読みます。

また、仏道修行の妨《さまた》げとなる誤ったものの見方・考え方のことを「見思惑《けんじわく》」といい、その見思惑の具体的な内容として「五見《ごけん》」が挙げられます。

五見については、前にも述べましたが（本書16ページ参照）、①身見《しんけん》（自分の立場・境遇などを全てに優先させて扱う）・②辺見《へんけん》（一方的・一面的に物を見、判断してしまう）・③邪見《じゃけん》（因果《いんが》の道理に暗く邪《よこしま》な考えに走る）・④見取見《けんしゅけん》（自分の思い込みを肯定し、決めたことに執着する）・⑤戒禁取見《かいごんしゅけん》（正しくない制度でも、それを鵜呑《うの》みにして譲らない）の五つです。

先ほど、「察すること」に触れましたが、仏教では「四智」といって四種の智慧が説かれています。その一つが「妙観察智《みょうかんざっち》」です。あらゆるあり方、対象、それらが持つ特性について沈思熟慮《ちんしじゅくりょ》する智慧で、「他人通《たにんつう》」、「他心通《たしんつう》」ともいいます。そこには当然、慎みがあり、誠意が込められ、決して独断や偏見があってはならないのです。

こうして見ますと、昨今の国政の在り方や遣《や》り取り、それに付随《ふずい》した失言・迷言・妄言・暴言などが、髣髴《ほうふつ》として浮んできます。

いろいろ忖度した挙句でしょうが、その顛末《てんまつ》たるや、お世辞にも「捗々《はかばか》しい」とはいえず、むしろ国民の目には、バカバカしく映ります。要は、目の置きどころ、付けどころです。

作家の故・水上勉《みずかみつとむ》氏が、禅寺の小僧時代。師の和尚さんから、およそ次のように諭《さと》されたそうです。

〈人間、目玉のつけるところは足じゃった。ところが、どういう間違いか、造化《ぞうか》の神は、人間の目玉を顔につけてしもうた〉〈だからして、人間は、足元がみえぬようになった。つまずいたり、転げたりする人間は、みな足もとが見えなかったからじゃ〉

こういわれて、〈足に目玉をつけたら、ゴミや砂利《じゃり》が入って痛くてたまらない〉、などと嘯《うそぶ》くとしたらもっての外。いうところの教えは、「脚下照顧《きゃっかしょうこ》」に尽きるでしょう。

私の川柳というか、狂句に託していえば、

底溜《そこだめ》を浮いて浮かれるミズスマシ

水面上の生活に馴《な》れ親しんで、ついぞその底流には思いがいたらない。見もせず、何事もないかの如くスマシ込んでいる、という揶揄《やゆ》がこの句意で、ついでながら、それではダメだという思いを、底溜に込めてみたのですが……。

禅ではまた、「応機接物《おうきせつもつ》」（機に応じて物に接す）ともいいます。相手（人・物）に応じて正しく対処する、これが忖度の原点であるべきです。サジ加減や媚《こ》び諂《へつら》い、そんな隙間風《すきまかぜ》など、微塵《みじん》も通してはなりません。

②ポケモンGOがブームだが

質問

パワースポットやポケモンGO《ゴー》のブームを、宗教的に見て、どう思いますか？

（二〇一六年十月の質問）

――〈回答〉――

何らかのエネルギーを発する「気場《きば》」を、パワースポットといっています。しかしこれは、近頃流行《はやり》の和製英語なのだそうで、耳新しくは聞こえますが、内容的には、昔からあったことです。

各地の霊山《れいざん》、神社仏閣など、神聖・神秘な場への関心は深く、いつの時代も心引かれてきたようです。

心霊スポットも、その一つでしょう。「皿屋《さらや》敷《しき》伝説」は、室町時代から語りつがれ、歌舞《かぶ》伎《き》・浄瑠璃《じょうるり》・講談《こうだん》にもなっています。落語でも、「お菊の皿」は有名です。

殿様の、貴重な皿の一枚を割った咎《とが》で、お菊は死罪。古井戸に投げ込まれます。幽霊となったお菊は、夜な夜な皿を数えますが、いつもながら九枚どまり。

その噂《うわさ》が噂を呼び、連日、物見高い人で溢《あふ》れ、弁当屋まで出る始末です。

こうした心理現象は、実は平成になってからもあったのですが、ご記憶でしょうか。あの「オウム真理教」の信者が立て籠《こ》もった、サティアンという施設前でも、〝見学者〟相手に、露店まがいの軽食屋が登場しています。意識の面では、各別、進歩したとは思えません。

さて、〈九まァい〉まで聞くといのちを無くすから、その前に退散しようにも、余りの人出で身動きがとれません。

ところがその日は、十枚を超えても、いのちに別条がない。〈十八まァい〉で数え終わったので、不審に思ってお菊に聞くと、くたびれきって〈明日は休むので、いつもの倍まで数えました〉……。

この話の流れ、どことなく、パワースポット探しの状況に、一脈通じる気がします。

ところで、霊験《れいげん》灼《あらたか》とされる聖地は、各所に見られます。「銭洗弁天《ぜにあらいべんてん》」なども、金運に肖《あやか》りたい人のいわばメッカで、特に、鎌倉の宇賀福《うがふく》神社《じんじゃ》は著名です。

「縁起《えんぎ》」によれば、源頼朝《みなもとのよりとも》が霊夢の中で、この地の洞《ほら》から湧き出る霊水を見つけ、これを神仏に供養して、天下泰平を祈願したといいます。

その後、執権《しっけん》・北条時頼《ほうじょうときより》がこの霊水で銭を洗い、一族の繁栄を祈った。この銭洗いが、金運のご利益《りやく》信仰につながった、と思われます。

これぞ庶民のたくましさ。かも知れませんが、忘れてならないのは、頼朝も時頼も、神仏への供養と祈りがあった、という点です。

そして、目的は天下泰平、一族、子々孫々《ししそんそん》の繁栄であって、自分だけの、目先のことではなかった。このあたりにも、注目したいものです。

神前や仏前での、拝礼《はいれい》・合掌《がっしょう》などはお構いなし。ひたすら写メに興《きょう》ずる最近の姿には、ウンザリもしますが、それを煽《あお》る記事や番組が多いのも、また事実です。

自称「その道のプロ」によれば、〈ブームのお陰で宗教臭さが薄められ、行きやすくなった〉とか……。

それはどうかと思います。神社仏閣が宗教臭くなくて、一体何が残るのでしょうか。

確かに、信仰を守り広める側も、時代の推移を疎《おろそ》かにはできません。かといって、ブームに迎合するだけでは、骨抜きになりかねません。

便乗ではなく、この事態に対応しつつ、いかに宗教心の涵養《かんよう》をはかるか、が問われていると思います。

次にポケモンＧＯですが、この現象自体は、いうまでもなく宗教とは無縁です。人の楽しみに水をさす気も、さらさらありません。

ただ問題は、事故やトラブル。宗教施設にさえ、傍若無人《ぼうじゃくぶじん》に入り込む人も多く、常識的なマナーや、モラルが軽視されているからです。

過去には、「タマゴッチ」ブームがありました。それを『仏教ライフ』誌（仏教情報センター発行）の「雑記《ざっき》」に、次のように書いたことを思い出します。

☆若い主婦が追突事故を起こした。車を運転中、〈助手席のタマゴッチが鳴きだし、気をとられた〉のだという。

☆忠実《まめ》に世話をしないと、病気になったり死んだりするそうだ。その反面、殺すことも再生させることも意のままである。

☆あるタレント兼《けん》教授は、〈育てるという実生活の訓練や、生死を考えさせることも含まれていて、現実的〉、とコメントしていた。「現実的」の三文字だけは頷《うなず》けるが、「実生活の訓練」とは畏《おそ》れ入る。

☆いのちは、温もりで育《はぐく》むもの。この世の生は一度きり。それを、オン・オフのリセットで、いじくり回されてはたまらない。

②ポケモンGOがブームだが

仮想と現実が入り乱れた時代――。

ポケモンブームについて、ある日の東京新聞「筆洗」によれば、「英国国教会は、普段は教会を訪れぬ若者らが足を運んでくれる機会になればと歓迎している」、そうです。

しかし文章の終わりに、ニーチェの名言を引いて、

「モンスターと戦う者は、自分もモンスターにならぬよう気をつけよ」

とも……。

そこで、自作の二句を。

ポケモンがニンマリ笑うゲットだぜ

ポケモンに欲しい転ばぬ先の杖

③ 年金情報の流出とは

質問

「年金情報の流出」について、基本的心構えを、わかりやすく教えてください。

（二〇一五年八月の質問）

――〈回答〉――

日本年金機構が、保有していた情報のうち、約一二五万件の個人情報が流出したという事件が（二〇一五年の五月に）発覚し、大騒ぎとなっています。

この組織の前身は、例の「消えた年金」問題を起こした社会保険庁で、その弛緩《しかん》（ゆるみ、たるみ）ぶりが、改めて指摘されています。

京《けい》というスーパーコンピュータもあるようですが、驚かされるのは、その圧倒的な情報処理能力です。これらの機器が張り巡らされて、私たちの生活万般《ばんぱん》が維持されています。

その利便性たるや、まさに「革命的恩恵」とという名にふさわしいでしょう。何しろ、カード一枚で電車やバスにも乗れますし、買い物さえ出来る。これが当たり前の時代です。

しかし、物事に表裏があるように、人間の英知の陰には悪知恵が、安全の裏には危険が憑《よ》り付き、身を潜《ひそ》めています。

たとえば、原子力（核エネルギー）開発。平和利用を謳《うた》い文句に掲《かか》げていられる間は「妙薬《みょうやく》」でも、一瞬にして生物・環境を破壊する能力の凄まじさは、「猛毒」そのものに他なりません。

神の偉大さと愛を讃える歌は「讃美歌」ですが、一方、神を讃えながらも、恨みがましい相手の災いを祈るのが、「呪詛《じゅそ》」です。こうした思想と行為が野放しとなって、僕《しもべ》たるべき人間が、あたかも、神さえあやつるイキガミぶりを幻出しています。

結局、コンピュータそのものではなく、全ては使う側《がわ》、駆使する人間によって、優劣・正邪・可否が左右されることに気づかされます。

「年金情報の流出」も、機構の不適切な管理体制に乗じた、サイバー・テロの一端《いったん》のようです。データの破壊や業務の妨害。そして、これを口実にした、新手《あらて》の「振り込め詐欺《さぎ》」の横行《おうこう》が危ぶまれています。

そこで日本年金機構は概略、次のような注意事項を公表しました。

「機構や年金事務所から電話をすることはない。／基礎年金番号の変更に関する連絡は、後日、文書を送る。／機構から、お金や、ＡＴＭの操作を要求することはない。／個人情報（家族構成など）を確認することはない」

これだけ憶《おぼ》えても、なお安心は禁物です。相手はプロの詐欺師。人の見落しがちな心理を突いて「想定外」の攻撃を仕掛けてきます。

不正アクセスで流出した個人情報――。今、高齢者が特に危惧《きぐ》しているのは年金ですが、預金口座そのものにも、心配は及びます。マイナンバー制度もそうでしょう。

そこで、私のお寺にいらっしゃっているAさんから直《じ》かに聞いた、「振り込め詐欺の実例」を挙げてみます。具体的ですから、次善《じぜん》の策にしてください。

――ある日、Aさん宅の電話がなった。

〈息子さんが幼児をハネて、重傷を負わせた。長引けば話が拗《こじ》れるから、早く手を打ったほうがいい〉

示談《じだん》の代理人、弁護士と自称する男は、早急に七五〇万円を振り込むよう口座番号を指定してきた。

息子は社員研修で合宿のハズだった。

〈これは振り込め詐欺の類《たぐい》かもしれない〉

そう思いながらも、「退職」、「犯罪者」、「家族離散」といった言葉が、頭の中をかけめぐる。

Aさんが救われたのは、傍《かたわ》らに奥さんがいたことだった。そして日頃からの近所づき合いも効を奏《そう》した。夫唱婦随《ふしょうふずい》は目配《めくば》せでも出来る。隣家にかけ込んだ奥さんは、息子の研修先へ電話を入れた。すると――。

〈何だよォ、連絡しないでといったでしょ。成績に影響するよ、まったくゥ〉

と、状況を知らない息子は当初、大剥《おおむく》れ。それでもAさん夫婦は、難を逃れた人心地《ひとごこち》の良さを、しばし味わったという。

〈不自然さもあったのに、その場の異様な雰囲気に飲み込まれてしまった。あれほど騒がれていながら、どこか他人事だったんですね。つくづく反省させられました〉

この話をうけて私は、

〈これはマジックのテクニックにも通じたところがあって、タネがわかれば、極めて単純明解。しかし視点を一点に釘付けさせたり、話術で誘導したり煽動《せんどう》して、パニック状態を起こさせるなど、手口は多彩で、狡猾《こうかつ》さこの上もない。

だから何かあったら、信頼して相談できる人を、日頃から持つことが大事です。くれぐれも即断と独断はしないことです〉

と、お寺に来ていた人たちにお話しました。

すると一人の人が、

〈坐禅をすれば（精神が研《と》ぎ澄まされるので）いいんだよ、坐禅をすれば！　ネェ和尚さん〉

と、急にさとり顔でいったのでした。

本質からズレている――。実は、こういう人こそいちばん危なっかしいのです。

坐禅は他人事でなく自分事。

〈あんたも坐ったら、どう！〉

私はその人にチクリと刺しておきました。

④ 相撲道がさけばれているが

質問

仏教と仏道。相撲《すもう》でも相撲道、がさけばれています。「道」とは、具体的に何ですか？

（二〇一八年二月の質問）

―― 〈回答〉 ――

わけ登る麓《ふもと》の道は多けれど
同じ高嶺《たかね》の月をみるかな

この一首は、一休禅師《いっきゅうぜんじ》の作だと伝えられています。こうした宗教性を帯《お》びた内容、あるいは人生訓《じんせいくん》的な要素を含んだものを、和歌や短歌といわず、「道歌《どうか》」といっています。

歌の意味するところは、登山をイメージすれば、大方、理解がつくでしょう。登り口は幾通《いくとお》りもあり、それぞれ状況は異なるにせよ、登りつめてみれば頂上は一つ。同じ景観をながめることが出来る——。字面《じづら》からすれば、およそういった大意です。

一方、道歌の中には、別な事象《じしょう》を示してそれとなく感づかせる、「暗示」が込められているものもかなりあります。

この歌からは、宗教・宗派の教義や、修行の形態に差こそあれ、奥義《おうぎ》そのものには、上下・深浅《しんせん》・広狭《こうきょう》などありようはずはない。だから「同じ高嶺の月を見るかな」とは、到達したさとりの境地は一なるものなのだ、と読み取ることが出来ます。

とはいえ、山は山、頂上は頂上ながら、富士山と槍ヶ岳《やりがたけ》では当然違いがあり、仏道と相撲道では、おのずから区別しなくてはなりません。同じ「道」だから、では話は進まず、これではドウドウメグリです。

そこでまず、仏教と仏道に意味の違いはあるのか、同義語なのか、その点に触れてみたいと思います。

これを繙《ひもと》く一つのヒントが、道元《どうげん》禅師のお言葉の中に見られます。『正法眼蔵《しょうぼうげんぞう》』(「仏教の巻」)の冒頭の一節に、

「諸仏の道現成《げんじょう》、これ仏教なり」

とあります。因《ちな》みにこの時代の多くは、主に「仏法」とか「仏道」、といっていました。

私たちが、目にし耳にする「仏教」という語は、明治時代になってのこと。日本に他宗教、特に、キリスト教が公に入ってきた影響によるものとされます。

同じように、昔は「信心《しんじん》」が通例でしたが、いつの間にか、何の違和感もおぼえず、「信仰」が当たり前になっています。

道元禅師のいわれる仏教とは、仏道という

修行（実践）を尊びながらも、その裏づけとなる経典や、古人の行履《あんり》（禅僧の日常的一切の行為）を示した、『語録』の大切さも込められているのだと思います。ですから、ことさら区別する必要はないはずです。

ところで、日本人は古来、この道という呼び名を尊重してきました。武芸（術）を武道。剣術を剣道。柔術より発した柔道などです。

それは、競技によって優劣を決するというよりも、そのものが有する精神性が重んじられました。たとえば「奥儀《おうぎ》」とか「極意《ごくい》」などといわれるように——。

「相撲道」は、最近、頓《とみ》に聞かれるところです。それは相撲界に、また大きな火種《ひだね》が生じたからで、二〇一七年十二月、テレビなどで大相撲の巡業《じゅんぎょう》風景を、さらに賑わせました。

暴行事件によって横綱・日馬富士《はるまふじ》が引退し、その勇姿が見られないと残念がる人々——。聞くところによれば、色紙《しきし》がアッという間に完売となったそうです。

ヘソ曲がりの私は、〈二度と手に入らないから買っておこう〉、そんな人もいたのではないか、と思ったものです。だとしたら、根っからの日馬富士ファンにとっては、〈何で？　人の道に外《はず》れている！〉、と悔しい気持ちが募《つの》ったことでしょう。

事件の発端《ほったん》は、一部のモンゴル人力士の酒宴《しゅえん》でのこと。一方、貴乃花《たかのはな》親方は、これに類した親睦会《しんぼくかい》にも否定的であったようです。親方の信念は、土俵上の取り組みだけでなく、日頃からの「相撲道への取組み」にある、といわれています。

そこで思いますのは、行司《ぎょうじ》が、両力士《りきし》に声をかける〝ハッケヨイ〟。これは、一説には、「発気揚々《はっきようよう》」で、技の応酬《おうしゅう》をためらっている者同士に〈誇らしく気合をいれろ〉、と急《せ》き立てる掛け声なのだそうです。

本場所《ほんばしょ》で、自己の持てる力を開花させるため、ひたすら稽古《けいこ》にいそしむ。これも道というものでしょう。素質があっても、やり遂げようとする熱意と研鑽がなければ、所詮は「絵に描いた餅《もち》」です。

その「稽古」について、道元禅師は次のように述べられています。

「これ稽古のおろそかなるなり、慕古《もこ》いたらざるなり」（「仏性《ぶっしょう》」の巻）

つまり古人の事跡《じせき》に学び行《ぎょう》じ、古《いにしえ》の教えを慕《した》うことが稽古であり、仏道だというのです。

相撲の世界には、「心《しん》・技《ぎ》・体《たい》」を完結した往年の大横綱・双葉山《ふたばやま》のような、人格的にも勝《すぐ》れた人がおりました。

技・体もさることながら、その人、その心に近づくことも、稽古であり相撲道だと思います。

⑤「おもてなし」と「和食」

質　問

禅宗《ぜんしゅう》では、炊事職《すいじしょく》が重んじられているそうです。ところで、「おもてなし」、「和食」をどう思いますか？

（二〇一四年二月の質問）

――〈回答〉――

「おもてなし」が、（二〇一三年の）新語・流行語大賞に選ばれ、「和食」は、（同じく二〇一三年に）世界無形文化遺産《せかいむけいぶんかいさん》に確定しました。

勿論、おもてなしは、「食」に限ったことではありません。相手に対して、心を込めた立居《たちい》振舞《ふるまい》で接するのもそれです。

禅の修行道場での食事は「精進料理《しょうじんりょうり》」で、和食のように、魚肉類は用いません。けれども精神面においては、この両者と禅宗での炊事職（典座《てんぞ》）は、どことなく気脈《きみゃく》を一にした関係にあるように思えます。この点は、追い追いお話することにします。

ところで、二〇二〇年に東京オリンピック・パラリンピックが開催されることになりました。私も、二〇二〇と応援している一人です。

経済的、社会的にも、冬枯れのように精気《せいき》を失っていくこの国に、春の息吹《いぶき》を感じさせる朗報でした。次いで、和食が世界的に認知されたのですから、なおさらです。

そんなウキウキした気分に、冷水を浴びせたのは、他ならぬ料理のメニュー、食品の価格偽装問題でした。事は食の問題だけに、「片腹《かたはら》痛い」程度で、お茶を濁《にご》すわけにはいかないでしょう。

これに追い討ちをかけるように、オリンピックを主管《しゅかん》すべき東京都の、（二〇一三年当時の）知事の不明朗な金銭問題も、連日のように報道されました。「青天《せいてん》の霹靂《へきれき》」とは、まさにこんなことをいうのでしょう。すっかり、苦虫《にがむし》を噛《か》みつぶした気分にさせられてしまいました。

それにしても、滝川クリステルさんの、「お・も・て・な・し」の後の合掌《がっしょう》の姿は、何とも清々《すがすが》しく爽《さわ》やかな印象でした。

合掌の手の平の中に、日本人のゆたかな感性が秘められている……。そう思えたことが、せめてもの救い、慰《なぐさ》めでした。

さて、人間の生命と、生活を支えている要件は何かといえば、衣《い》・食《しょく》・住《じゅう》に他なりません。

取り分け「食」こそは、生命の基《もとい》、生きるための源です。それは、身を養うエネルギーばかりでなく、心に楽しみをもたらす、人間ならではの知恵の産物といえます。

しかし、何事によらず「過ぎたるは猶《なお》およばざるがごとし」で、度が過ぎれば、薬となるべきものも毒となります。

禅宗の食事訓「五観《ごかん》の偈《げ》」（拙著『あなたの疑問に答える　仏教なんでも相談室』〈大法輪閣刊〉169ページ参照）の四つ目の偈には、

「正《まさ》に良薬《りょうやく》を事《こと》とするは、形枯《ぎょうこ》を療《りょう》ぜんが為《ため》なり」

とあり、食は、衰《おとろ》えや病んだ身と心を養う「薬」であることが、ズバリ示されています。

つまり、食事の量や質のいかんによっては、むしろ健康を害する、大きな要因ともなるからです。

高度経済成長よりこの方、日本人の食生活はいちじるしく向上し、その反面、飽食《ほうしょく》の時代を到来させせました。今日では、メタボ（メタボリック症候群）が取り沙汰されています。

ファーストフードというと、何となく耳ざわりは良いのですが、いってみれば、注文すると待たずに食べられるという、「簡易食品」です。その代表格が、ハンバーガー、ポテトフライ。そして、各種の清涼飲料水が挙げられます。

家庭にも、電子レンジや冷凍食品が普及し、手軽さと気軽さはこの上もありません。しかし、そこには過度な脂肪・糖分・塩分・香辛料が加えられ、食材の持つ本来の味わいは、乏しくなってしまいました。

それは悲しいかな、「味オンチ」、とでもいうべき人々を量産する結果を招いてしまったのです。「おふくろの味」にしても、本来は個々の家庭の、特徴ある献立《こんだて》によって成り立っていました。今はパックされて、店頭を賑《にぎ》わしています。

食事に対する変容は、また大きく、マナーにも影響を及ぼしています。極端な例では、犬喰《ぐ》い、立ち喰い、歩き喰いといったところでしょうか。

わが国に曹洞宗《そうとうしゅう》の教えを伝えられた道元禅師《どうげんぜんじ》（大本山永平寺《えいへいじ》開祖）のご撰述《せんじゅつ》に、『典座教訓《てんぞきょうくん》』があります。詳細については、お読みいただくしかありませんが、修行者たちの生命を保《たも》ち、養うべき食事を司《つかさど》る典座職も、同じく仏作仏行《ぶっさぶつぎょう》をなしているというお示しです。

道元禅師

一般的にいえば、誠意を込めて食材を調理する行為そのままが、自分自身の修養《しゅうよう》となるということです。これを「一色之辨道《いっしきのべんどう》」（一事に専念し、誠意ある力を尽くすこと）といいます。

その心得が「三心」です。「喜心《きしん》」＝心に喜びを満たす。「老心《ろうしん》」＝他を思いやり、尽くす。「大心《だいしん》」＝大らかにして偏《かたよ》りがない。

こうした思いこそ、まさにおもてなしであり、それは食材のそれぞれの持ち味を生かす、和の食事にも通じるでしょう。

⑥ 日本のクリスマスをどう思うか

質問

日本の文化に定着しているクリスマス。僧侶として、どんな感想をお持ちですか?

（二〇一七年十二月の質問）

――〈回答〉――

なるほど、その視点はおもしろいと思いますが、私はもう一つ。外国の人、特にキリスト教圏の人の目には、一体どう映っているのだろうか。そこにも興味をおぼえます。

何しろ、日本を訪れる外国人の数は、年毎にウナギ登りです。昨年（二〇一六年）の統計では約二四〇四万人。五年前の四倍近くにまで達しています。中国はダントツ。ヨーロッパからの観光客も、かなり増えているそうです。

その日本では、十二月ともなるとボーナスシーズンと相俟《あいま》って、クリスマスセールが真っ盛りとなります。

誰の、どんな内容だったか、詳細は朧《おぼろ》げです
が、こんな話が思い出されます。
〈来日した観光客が、浅草のお寺に行って驚いた。門前の商店街から聞こえてくるのは、♪ジングルベル　ジングルベル――。仏教の国だと期待していたのに、いつからキリスト教の国になったのか?〉

菩提樹の下で修行される釈尊

12月8日が「成道会」（釈尊がさとりを開いて仏陀になられた日）であることは、ぜひ多くの人に知ってほしいです。


落語の小話《こばなし》のようですが、たしかに、キリスト教徒にとっては最大といえる祝祭日。戸惑いを感じるのも無理からぬことでしょう。

今や〝仏教系〟のこの国でも、十二月八日が釈尊の「成道会《じょうどうえ》」（おさとりを記念する日）だと知っている人は、極めて少ないのが現実です。

同様に、「花まつり」と聞いて、四月八日の「仏誕会《ぶったんえ》」（灌仏会《かんぶつえ》＝釈尊の幼少児像を花御堂《はなみどう》に安置し、甘茶をそそぎ祝う日）だと気づく人も稀でしょう。ツツジまつりやサツキ展は想像しても……。

といって、私たち仏教徒が青息吐息をつくほど、深刻に思う必要はないのかも知れません。

私の友人がいっていました。

〈近くの教会でネ。十二月になると、決

まって大きな看板を出すんですヨ。何て書いてあるかっていうと、「クリスマスは教会で」なんです〉

これは、仏教やキリスト教に限ったことではなく、伝統的神事にしても、大同小異といえそうです。

神を崇敬する祭事を、自分たちのまつりに転化する——。そうした行事は、時代を超えて今も、全国津々浦々で行われています。それは一種の、「庶民の生きる知恵」なのだ、とも思えます。

昨今、日本でもブームをよんでいる、「ハロウィン」もそうです。もとは、アイルランドのケルト人の収穫祭だったものが、キリスト教の中に組み入れられ、さらに、民衆によってイベント化されたようです。

ハロウィンにカボチャは付き物、ではなく当初はカブだった、との説があります。しかし目・鼻・口をくりぬくと、愛敬のある小悪魔にみえるから不思議で、カブだと、どうみてもテルテル坊主です。

ことほど左様に、神聖さ一点張りの網を掻《か》い潜《くぐ》り、娯楽性ゆたかな泳ぎをモノにした、といえます。

だからといって、ことの本質まで蔑《ないがし》ろにしていい、ということではありません。

たとえば、クリスマスツリーは、敬虔《けいけん》な信徒にとっては「聖樹」で、キリストが人類に与える、永遠なる命・愛、そのシンボルなのです。

あの夥《おびただ》しいイルミネーションは、少なくとも、街路樹からは取り外すべきでしょう。いのちあるものに、低温火傷《やけど》の十字架を背負わせるなど、以《もっ》ての外《ほか》、と私は思います。

サンタさんはいるか、いないか。おおよそ幼児は肯定。小学生ともなると、そろそろサンタの正体を見抜きます。

それでいながら、知恵を働かせ、あえていうのです。〈ボク、サンタさんに○○のゲームってお祈りしたんだ〉、と親の反応をうかがう。なかなか健《したた》かさをそなえています。

サンタクロースのモデルは、司祭の聖ニコラスだった、と伝えられています。この方は、困窮している人々に、惜しみなく自分の持つ金品を与えた、といいます。

仏教的にいえば、布施行《ふせぎょう》、菩薩行《ぼさつぎょう》の実践者です。クリスマスに因んで、そうした聖人・偉人の人となりを聞かせるのも、子どもの人格形成には欠かせません。

私は子育て時分、

〈お寺だから来ないのではないよ。みんなより恵まれない子どものところに行ってるんだ〉

といい聞かせたものですが、寺の子も社会の子。ケーキだけは買い求めました。

受け取って償いそいそとイブの道（永）

この僧とは誰あろう、若き日の私自身です。

仏教は、「本質を踏まえつつ寛容であれ」、との教えです。

問題は、クリスマスの火付役が教会ではなく、デパートなど、「商業ベース」が飛び火した点でしょう。この傾向は、わが国の「葬儀のあり方」にも関わります。

⑦ ロボット僧侶で供養になるか

質問

テレビ番組に、ロボット僧侶が登場し、驚きました。あれで供養になるのでしょうか？

（二〇一八年一月の質問）

――〈回答〉――

もう、だいぶ以前になります。ある墓石店の店頭で、木魚《もくぎょ》をたたく風情《ふぜい》の、〝小坊主さん〟を見たことがありました。

合成樹脂のその像は、ただ手を上下に動かすだけの単純な機能なのですが、物珍しさも手伝って、しばし足をとめる人もチラホラ――。その頃の私は、といえば、〈人寄せパンダとしてはなかなかのアイディアだな〉、程度の感覚しか持ち合わせていませんでした。

ところが、今日では途轍《とてつ》もない進歩ぶりで、一部のテレビ報道や、インターネットのサイト上でも、「ロボット僧侶」・「ロボ導師《どうし》」などの名称で、話題に上っています。

　サイトによれば、木魚をたたくだけでなく、宗旨《しゅうし》にそって、読経《どきょう》もするそうです。

　そればかりか、お説教までしてくれる、というのですから、至れり尽くせりというほかありません。

　古文の一節に、「諸人みな舌を巻き、口を閉ず」、という件《くだり》がありますが、諸人を、僧侶に置きかえてもよさそうな気がします。

　時代の推移を、高《たか》を括《くく》って見ていたわけではありませんが、「生身の僧侶」としては、箍《たが》を括《くく》り直さなければならない。そんな状況に立たされているようです。

　こうした試みは、すでに中国にあるともいいます。

　同じくサイトを引用すれば、北京《ぺきん》郊外のある寺では、読経以外にも、「境内《けいだい》を歩き回り、仏教や日常生活に関する簡単な二十の質問に答えることができ、車輪を駆使した七つのアクションが可能」なのだ、とか。

　どんなアクションか、定かではありません。また、どの程度かもわかりませんが、「ボイスコマンドで指示を出すこともできる」。つまり機器が言葉を認識し、応答したり行動したりするのです。

　さらにこれを創造した目的は何かといえば、「ロボット工学と仏教の融合」にあったそうで、「仏教の英知《えいち》を広めるための完璧な器だ」、と解説しています。

　融合と英知、と聞けば〈なるほど〉、とうなずきそうになりますが、その一方、話が僧侶にまつわるだけに、〈大袈裟《おおげさ》に過ぎないか〉。何となく短絡気味にも感じます。

ロボットに限らず、AI《エーアイ》（人工知能）を備えた機器は、私たちの身の回りに増え続けています。炊飯器・照明・ドアの開閉・浴槽など、枚挙に暇《いとま》がありません。

ともかく、将棋の世界で屈指のプロが、ロボット棋士に敗戦した、という事実。事《こと》ほど左《さ》様《よう》に知能的精度が向上し、高齢者介護などにも、さらなる期待の目がそそがれています。

けれども、まったく懸念がないわけではなく、一例を挙げるとすれば、「自動車運転」ではなく、「自動運転車」の実用化です。

手放ししていても、余所見《よそみ》をしていても、車自体が所定のコースをたどり、目的地に到達する、というスグレモノです。そうなると、余計なことながら、教習所や免許試験場はどうなるのでしょう。経済や雇用の問題も生じます。

快適さ、利便性。しかし、もし誤作動などの異状事態が発生したら……。すでに米国では、手放し運転による死亡事故が起きた、と報道されています。人と機器の問題はそればかりか、原子力発電、医療や兵器の存在とも深く関わっています。

もちろん、ロボット僧侶には娯楽的な雰囲気もあって、生死を問うほどの深刻さなど、想像出来ません。ただ、オートマチックに依存する余り、マインド（心や意識、精神）が疎《おろそ》かにされれば、必ずや、何らかの弊害をもたらすに違いありません。

さて、ロボット僧侶による供養ですが、結論的にいえば、それによって「安心《あんじん》」が得られるか否《いな》かです。仏教でいう安心とは、「仏法によって心の安らぎを得て、動ずることのない境地」。あるいは「阿弥陀仏の救いを信じて、往生を願う心」でもあります。ロボットのＡＩに、果たして仏と同様、慈悲の救済を託せるかどうか……。

ところで、たわいない疑問ですが、ロボット僧侶が仏に帰依《きえ》し、修行したなどという話、聞いたことがあるでしょうか。それが読経し、通り一遍ながら説法をするという。

では、単なる音声だけでよいのか。そこに実意が込もっているものなのか。表現をかえれば、供養の名を冠したバックグラウンド・ミュージック……。

「門前の小僧　習わぬ経を読む」とはいえ、聞き覚えだけに終始するのでは、頼りがいがありません。これは僧侶としても、日常、自省自《じせいじ》戒《かい》すべきことですが、ロボット僧侶は、この問いにどう反応するでしょうか。

ともあれ制御されるべきは、機械を操《あやつ》る、人の心こそだと思います。

第四章

仏事の疑問

①　何回忌まですべきか

質問

仏具店から、年《ねん》回《かい》表《ひょう》付きカレンダーが届きました。何回忌まで行えばよいでしょう?

(二〇一四年十一月の質問)

―― 〈回答〉 ――

十一月ともなり(本稿執筆時)、寺にも例年の如く、関係業者から「年回表」が届きます。カレンダーもそうですが、率直なところ、少々持て余し気味です。

寺の玄関に立って、うらめしそうにつぶやくご婦人がいました。〈これに春秋のお彼岸、お盆もでしょ……〉。

別に、年回法事の押し付けが目的で、掲示しているのではないのです。たとえば、一周忌は満一年。すると三回忌は、まる三年と錯覚している人がいます。

実際、寺に打ち合わせに来たまではよかったのですが、〈エッ、去年だったのゥ〉と、当てずっぽうを嘆いた人も、一人や二人ではありません。

そこで毎年、各家毎《ごと》の年回を通知する、丁寧な寺もあるのですが、これが賛否両論。忘れ物を見つけたように、便利という人もあれば、催《さい》促《そく》がましい、と思う人もいるようです。

さて、その年回（年忌）は、いつ頃から成立したのかを、大雑把に見てみましょう。まずは忌日から、話を進めます。

人が亡くなった後の、初七日忌から四十九日までを、「中陰《ちゅういん》」といいます。これは「中有《ちゅうう》」と同じ意味で、仏教では「四有《しう》」（生有《しょうう》・本有《ほんぬ》・死有《しう》・中有《ちゅうう》）を説きます。

平易に解釈すれば、人は生まれ（生有）、人生を送り、やがて死を迎え（本有）、死に至る（死有）。そしてまた生まれ変わる（中有）――。この四つの時期をさしています。

この中有（中陰）の期間中は、七日毎に供養が営まれました。そこで四十九日忌を「満中《まんちゅう》陰忌《いんき》」（大練忌《だいれんき》）ともいいます。これはインド古来からの考え方によります。

仏教が、インドから中国に伝わりますと、この国の習俗が加わり、七回の供養に加え、百ヵ日忌・一周忌・三回忌が成立します。つまり「十仏事《ぶつじ》」となります。

さらに日本に伝来されますと、平安時代には、七回忌・十三回忌・三十三回忌が追加されます。都合「十三仏事」です。

この数えて十三の忌日・年回に、それぞれ本尊として、明王《みょうおう》、菩薩《ぼさつ》、如来《にょらい》を当てはめる風潮が起こりました。鎌倉時代のこととされますが、これが「十三仏信仰」で、庶民仏教として、後世にも影響を広げました。

今では少なくなりましたが、葬儀の折り、そのお絵像（掛軸《かけじく》）が掲《かか》げられるのです。

私の在所、春日部市《かすかべし》でも、三十数年前までは、年配の女性の集まりである「念仏講」で、よく見聞きしたものです。

僧侶の読経の後、鉦《かね》の音に合わせ、

「〽不動《ふどう》、釈迦《しゃか》、文殊《もんじゅ》、普賢《ふげん》、地蔵《じぞう》、弥《み》勒《ろく》、薬師《やくし》、観音《かんのん》、勢至《せいし》、阿弥陀《あみだ》、阿閦《あしゅく》、大日《だいにち》、虚空蔵《こくうぞう》さま。お助けたまえや十三仏……」

と唱和します。そして、

「〽ナムアミダー、ナムアミダー、ナムアミダーブツナムアミダー」

で締め括《くく》ったように記憶しています。

宗旨にこだわらず、地域仏教的な色彩に富んだ大らかさ。そして生も死も、共有しあえる時代の産物だったと思います。

話を本論に戻します。実はその後も、十七回忌・二十三回忌、二十五回忌・二十七回忌と、年忌が増えていきます。

ただ、これを最近のことのように誤解している人がいます。風評は、デング熱のように拡散しがちですから、次の一文を紹介しておきます。

「――年忌は十三年より三十三年まで一足飛《そくと》びにするものにはあらず、十七年、二十三年、二十五年、二十七年も古《むかし》より之《これ》を勤《つと》め来《きた》りたるものなるが故に――」

出典は『仏教疑問解答集』（高田道見・著＝佛教舘）です。奥付には大正六年二月廿八日発行とあります。決して〈近頃の……〉ではない証《あかし》といえます。

ところで、忌日・年回・本尊の他に、「追忌」という名称が出てきます。

つまり忌名で、数字で示す期限に対して、意味を持たせている点が特徴的です。紙幅が限られていますから、全てには触れられませんが、たとえば、三十五日忌は「小練忌《しょうれんき》」。四十九日忌は「大練忌」です。

練はもと「斂《れん》」と記し、おさめるの意味です。小斂は、死者の衣服を着替えさせ、大斂は死体を棺《ひつぎ》に入れる礼式で、皇室にも「斂葬《れんそう》の儀《ぎ》」があります。

百ヵ日忌は「卒哭忌《そっこくき》」といいます。読んで字のごとく、この日からははげしく泣くことはやめよう、という思いを込めた節目に当たります。

段階を踏みしめることにより、生者も死者も、慰《な》ぐさめと安らぎを得る——。古《いにしえ》の僧侶も在俗の人々も、こうした智慧を働かせたのですが、現代人としてのあなたは、どう思い、どう扱いますか。

② お盆の由来

質問

先祖や、身近な亡き人を迎えるお盆《ぼん》行事は、いつからどんな由来で始まったのですか？

（二〇一八年八月の質問）

――〈回答〉――

お盆は「盂蘭盆会《うらぼんえ》」を略した言葉で、「盆会《ぼんえ》」ともいいます。また「魂《たま》祭り」、「精霊《しょうりょう》祭」、と呼ぶこともあります。さらに別名があって、「歓喜《かんぎ》会《え》」。これは初耳の人もかなりいると思います。

ここでいう歓喜とは、一般的・世間的な喜びではなく、「宗教的喜び」です。仏法を聞いたり味わったり実践した時の、身と心にわきおこる感動や納得、充足感で、仏教ではこれを「法悦《ほうえつ》」ともいいます。

もともと陰暦の七月十五日は、修行僧の九十日にわたる厳しい行・学の修行を終えた最終日、「自恣《じし》」の日にあたりました。まさに記念すべき歓喜の日だったのです。

盂蘭盆は、梵語《ぼんご》（古代インドのサンスクリット語）ウランバナの音を漢字化したもので、「倒懸《とうけん》」と訳されます。手足を縛られ、逆さまにつるされるほどの、例えようもない苦痛を意味します。

仏教では、目《もく》連尊者《れんそんじゃ》が餓鬼道《がきどう》に堕《お》ちていた母を救うため、釈尊の導きをうけて、自恣の日、修行僧に供養《くよう》したところ、その

お盆の精霊棚

功徳《くどく》によって母は福徳《ふくとく》を得て、倒懸の苦しみから解かれたとされています。

そのあたりのことを、『盂蘭盆経』では、次のように説いています。

「目連尊者が餓鬼となった母に、鉢《はち》に盛ったご飯を食べさせようとしたところ、口に入る前に、飯がことごとく炎と炭になってしまった。それほど欲と罪業が根深かったので、炎口《えんく》餓鬼と化していたのです。

このような母の救済は、たとえ尊者といえども、ただ一人の力では及ぶものではありません。そこで釈尊は、祖父母から遡《さかのぼ》って七代にわたる父母、および生みの父母、育ての父母で、難儀・災難にあっている者の救いを示します。

それは、あらゆる供《そな》え物を浄水をたたえ

た盂器に盛り、十方大徳《じっぽうだいとく》、衆僧《しゅそう》（諸方《しょほう》の高僧や修行僧）に供養することでした」

これらの供養を受ける高僧・修行僧は、施主《せしゅ》（この場合は目連尊者）のために、七世の父母、六親眷族《ろくしんけんぞく》（一切の親戚《しんせき》）を含めて福楽《ふくらく》がえられるよう、陀羅尼《だらに》（秘密の言葉を用いたお経）などを唱えます。

そのご利益《りやく》とは？

「現在父母寿命百年、無病無一切苦悩之患、及至七世父母離餓鬼苦、生人天中福楽無極」

（現在の父母の寿命は百年にして、一切の苦や、悩みのわずらいに病むことなく、七世の父母も、餓鬼の苦しみを離れて天上界に生まれかわり、福徳の楽しみはきわまりないものとなる）

と伝えられています。

日本の歴史の中では、古く推古《すいこ》天皇の十四年。これは奈良時代よりもっと以前、大和朝廷《やまとちょうてい》時代といわれる時代です。西暦でいえば、六〇六年に、各寺ごとに盂蘭盆会の「斎会《さいえ》を設けた」と伝えられています。

また、宮中においても、恒例の行事として、先祖・先帝のために「御盆供《おぼんく》」を供え、天皇自らも礼拝《らいはい》した、といわれています。

時代を経るに従って、『盂蘭盆経』の「先亡《せんもう》の苦難を救済する」という趣旨に、次第に「先祖の魂を迎えてまつる」という、慰霊と一家一族の団欒《だんらん》の要素も加味されます。

さらには盆踊りや精霊流しといった、地域ぐるみの交流や、娯楽にも関わりをもつようになりました。これが江戸時代以降、庶民の生活の慣わしとして、定着したのです。

そのさまざまな、地域色豊かな形の中から、日本人の美徳とされる「おもてなし」「おかげさま」の心を汲み取ることもできます。

つまり先祖・先亡を尊ぶことによって、縁を尊び、縁を尊ぶことによって、自分自身のいのちに目覚めることにもなるのです。こうしたあの世とこの世をつなぐ心のかけ橋が、お盆の行事だったのです。

ところで、ご質問に答えるべく、『盂蘭盆経』を読み直し、気づきました。目連尊者の母が餓鬼道に堕ちたのは、最愛のわが子への思いが募《つの》るあまり、「慳貪《けんどん》の罪」を犯したからでした。発端《ほったん》は「子故《ゆえ》の罪」ともいうべきものです。

その親心の切なさを、誰よりも深く知ったのは、ほかならぬ尊者だったでしょう。

「子故のウソ」もまた親心です。詩人・サトウハチロー氏はうたっています。

生卵は
のどがいがらっぽくなるからいや
うで卵は
おならくさい
こんなことをいって
卵をひとつも食べなかった母

私が母の命日に
沢山卵をそなえるのは
そのウソに頭を下げたいからです

こうした、恩にめざめ、恩を偲ぶ習俗は、時代をこえた日本人の美徳として、後世に伝えたいと思うのですが……。

③ 施餓鬼とは何か

質問

お盆の頃、「施餓鬼会《せがきえ》」が営《いとな》まれます。どんないわれから、餓鬼に供養《くよう》するのですか？

（二〇一六年七月の質問）

――〈回答〉――

「施餓鬼会」には、およそ、次のような三つの要素が含まれていると思います。

①餓鬼そのものに対するもの

②餓鬼に施《ほどこ》しをし、その功徳《くどく》を先祖・身近な亡き人々に振り向ける

③自他ともに、餓鬼の心を除いて平安を得る

①について。餓鬼とは何かといえば、常に飢《う》え渇《かわ》き、苦しみにもだえている亡者。また、生前の悪業《あくごう》の報《むく》いや供養されない死者が、そうなると信じられていました。

餓鬼に施しをする、といういわれは、釈尊の

十大弟子の一人、阿難尊者《あなんそんじゃ》にまつわる話の中にあります。

尊者が坐禅修行をしていると、その瞑想の中に餓鬼が現われ、〈三日の内にお前のいのちは終わり、餓鬼道に堕《お》ちるだろう〉と告げます。

修行中の身だった若き尊者は、突如の宣告に驚き、釈尊の教示を仰《あお》ぎます。そして指示に従い、修行僧と餓鬼に、飲食《おんじき》の供養をします。僧の法力《ほうりき》と餓鬼への功力《くりき》（功徳の力）によって、餓鬼は救われ、尊者は長寿を保てたとされます。

施餓鬼会の『回向文《えこうもん》』にある、

「存者は福楽にして寿究《きわま》りなく、亡者は苦を離れ安養に生ぜん」

とは、このことに関わってきます。
②について。餓鬼に供養する功徳を、先亡《せんもう》にめぐらすという点で、手懸《てが》かりは、同じ『回向文』の前段、
「此《こ》の修行する衆《もろもろ》の善根《ぜんごん》を以《も》って、父母の劬労《こうろう》の徳に報答す」

です。つまり、さまざまな善行を積むことによって、骨身を惜しまず養育してくれた、父母の恩に報いるのですが、その善根の一端が、餓鬼への施しとなります。

加えていうならば、

「普《あまね》く一切に及ぼし、我等《われら》と衆生《しゅじょう》と皆共《みなとも》に」

が仏教の眼目《がんもく》です。存者としての父母、亡者としての父母に限らず、供養は「無縁」にも向けられます。
③については、自他ともに、餓鬼の心を払拭《ふっしょく》することです。人として祈願、祈りを持つ

ことは大切ですが、仏教では誓願、特に行願《ぎょうがん》を重んじています。本来は、何ごとにも慈悲心をもって実践することを意味します。

それでは、施餓鬼における実践行とは、一体どんな内容でしょうか。そのヒントを、さらに『回向文』に求めてみます。

「倶《とも》に犯した過《あやま》ちを傷口を洗浄するように悔い改め、苦境をさ迷うことなく、平安な浄土に生ぜん」

これは、悪臭と垢まみれの衣服を脱ぎ捨て、清潔なものに着替える行為に似ています。それによって、清々しい心境が得られる、というものです。要するに、わが心に巣くう餓鬼こそ、救わなくてはなりません。

仏教では、「唯心《ゆいしん》の浄土」が説かれています。すべては心の現れにほかならない。その心の中に認められる浄土、と解釈されます。

となると、「唯心の餓鬼」にも目を配る必要があり、そう気づかせてくれるのも、施餓鬼会の功徳の一つだと思うのです。

話は変わりますが、本稿を思案していた折りも折り、注文していた『文藝春秋』二〇一六年六月号が届きました。一服がわりに特集のページを開くと、「日本人への警告」と題した、ホセ・ムヒカ氏の談話があります。

この方はウルグアイ国の前大統領で、「世界一貧しい大統領」といわれた人。その冒頭の言葉が――、

〈貧乏な人とは、少ししか物を持っていない人ではなく、無限の欲があり、いくらあっても満足しない人のことだ〉

「無限の欲」、「いくらあっても満足しない

人」。〈これこそ、餓鬼の一面ではないか〉、とつくづく思い知らされました。

　そして、〈大統領も国民のひとりにすぎない。（略）一握りの金持ちと同じ生活をしていたら、国で何が起こっているかわからなくなる。国民の生活レベルが上がれば、私の生活レベルも上がるだろう。それがいいんだ〉、とも語っています。

阿難尊者の施餓鬼（『餓鬼草紙』より）

　施餓鬼会というと、餓鬼ばかりが強調されがちで、あえて「施食会《せじきえ》」とする宗派もあります。「諸《もろもろ》の有情《うじょう》（生きとし生けるもの）と平等共有《ぐ》ならん」、これがその精神です。

　格差はますます拡大しています。国政を担《にな》う大臣、都知事も然《しか》りで、疑惑の闇に身を隠すばかりでは、それこそ、餓鬼の誹《そし》りは免れません。〝せこい……〟というべきか？

大施餓鬼してから後妻気がかろ《（軽）》し

と古川柳にあります。だからといって、政治家が釈明会見という禊《みそぎ》は終えた、と安堵《あんど》するなど以《もっ》ての外《ほか》。厳しく悔過《けか》（犯した罪過を深く悔い改めること）を求めます。

④ お彼岸の由来

質問

お彼岸《ひがん》といえば墓参りですが、事の始まりと、人々の受けとめ方はどうでしたか？

（二〇一八年九月の質問）

――〈回答〉――

仏教行事の中でも、「お彼岸」はお盆《ぼん》と同様、時代とともに民衆化され、広く国民生活に根づき、今日に至っています。

その起源について、一説に聖徳太子《しょうとくたいし》（西暦五七四～六二二年）の頃といわれますが、これは伝説だとする記述も見られます。

それを裏づけるかのように、『世界大百科事典』（平凡社刊）には、

「日本では八〇六年の（略）この日に経典を読ませたという記事が最も古く――」

とあり、太子説には触れていません。また、

「桓武《かんむ》天皇の延暦《えんりゃく》二十五年（皇紀一四六六

年・西暦八〇六年）三月十七日の官符《かんぷ》をもって崇道《すどう》天皇のため国分寺の僧をして春秋二仲の月七日間に亘《わた》り金剛般若波羅蜜多《こんごうはんにゃはらみた》経《きょう》を読ましめられたのに始まる」（『話の大事典』日置昌一・著＝名著普及会）

なども散見され、それ以前のことは不明でした。ともあれ、一二〇〇年間を超える長い歴史を綴《つづ》ってきたのは、まちがいありません。

この、インドにも中国にもなかった、とされる彼岸行事＝習俗は、もちろん「波羅蜜多《はらみた》」（到《とう》彼岸）という仏教の教えに基づくものでした。

その実践を六波羅蜜行《ろくはらみつぎょう》（布施《ふせ》・持戒《じかい》・忍辱《にんにく》・精《しょう》進《じん》・禅定《ぜんじょう》・智慧《ちえ》）、といいますが、個々の説明は別な機会に譲ります。

ただ、ここで申し上げたいのは、現実の問題として、生活上の迷いと苦しみ（此岸《しがん》）をどう乗り切るか（彼岸）。その精神的支えや充実を求めて、往時の人々は心の糧《かて》として、お彼岸を受け入れたのではないか、ということです。

それが、由緒《ゆいしょ》をたずねて寺に参詣《さんけい》する、説法を聴聞《ちょうもん》する、あるいは僧侶の読経《どきょう》によって先祖・先亡《せんもう》の供養や墓参りをする、などといった形態を生んだのだと思います。

江戸時代になると、こうした風潮が定着し、あちこちの寺参りが盛んになりました。

特に江戸とその近郊では、六阿弥陀《ろくあみだ》参り、六《ろく》地蔵《じぞう》参り、観音《かんのん》の札所《ふだしょ》めぐりなど、境内《けいだい》は〝善《ぜん》男善女《なんぜんにょ》〟であふれかえった、とされます。

当世風でいえば「お年寄の原宿」・巣鴨《すがも》の「とげぬき地蔵」の縁日《えんにち》が、それを想像させてくれます。

お彼岸ともなりますと、その盛況ぶりは——

当初、この句意がまったくわからなかったのですが、江戸時代の人々は、蛇は春の彼岸に穴から出て、秋の彼岸には穴にもぐる、と信じていたといいます。いわば、お彼岸の象徴でもあったわけです。

嫁は常に姑《しゅうとめ》の看視の目にさらされている。そこで、〈お彼岸ですから、お参りにでも行ったら〉、と急《せ》ぎ立てる。七日間は留守勝ちになるから、大いに解放感にひたれる……。

一方、出掛けた姑も負けず劣らずで――

六阿弥陀嫁の噂《うわさ》の捨て所

同じ立場の面々が、異口同音に嫁の陰口。何しろ、お彼岸は春秋の二季ですから、半年分のうっぷんを晴らす。

お彼岸の人出に仁王《におう》目が疲れ（竹堂）

で、仏法の守護神には、〈お気の毒さま〉、という他ありません。

先に述べたようにお彼岸は、もともと「修《しゅう》養《よう》」という面が眼目《がんもく》でしたが、徐々に、行楽《こうらく》的な趣《おもむき》を呈するようになります。

宗教の教理や、聖なるものの存在も、次第に世俗化していくに従い、本来の意義が薄れ、見失われていく結果が生じます。

川柳は、そうした人情の機微《きび》を巧みに突いていて、おかしみがある反面、反省もさせられます。

彼岸中蛇《へび》をつかって嫁は楽

積もり積もったネタがあります。

そうこうしている内に、いよいよ彼岸も明けの日となり――

六番目嫁の噂のいひじまい

言い仕舞ですから〈この辺でお開き〉。ところで、昨今は嫁と姑、逆のケースもあるようです。

おたがいに鬱憤《うっぷん》やストレスの解消になるのなら……、と理解を示したいところですが、愚痴というものは、一端、口にすると、意外にも長く尾を引くものです。外出時にはガスばかりでなく、災いの元栓も、閉めておくに越したことはありません。

「以心伝心《いしんでんしん》」、という禅語はよく知られていますが、これは、善きにつけ悪しきにつけいえることです。

気配というものは匂《におい》に似て、物を隠すのとはわけが違います。相手の心の嗅覚に嗅《か》ぎとられかねません。

曹洞宗《そうとうしゅう》の修養の経典ともいうべき『修証《しゅしょう》義《ぎ》』には、

「面《むか》いて愛語を聞くは面《おもて》を喜ばしめ、心を楽しくす、面《むか》わずして愛語を聞くは肝に銘じ魂に銘ず」

これならば円満、間違いありません。

六波羅蜜の六番目は、「智慧」の実践です。智慧の目配《めくば》りで、彼岸行持《ぎょうじ》（行事）の意義を見つめ直してはいかがでしょうか。

⑤ 葬儀の「六道」役とは

質　問

地方に転居。葬儀で「六道《ろくどう》」役を頼まれました。六道とは、どのような役なのでしょうか？

（二〇一七年七月の質問）

――〈回答〉――

仏教には、古くから「輪廻転生《りんねてんしょう》」の考え方があって、あたかも車輪が回転するように、生と死を極まりなく繰り返す、と信じられてきました。

その世界は、六つに分けられるとして「六道」。あるいは、おもむく先ですから「六趣《ろくしゅ》」、ともいいます。

ついでながら、この六道の中味に簡単に触れておきます。

①地獄《じごく》――生前の悪業《あくごう》の報《むく》いによって、死後、拷問《ごうもん》のような数々の責苦《せめく》に遭《あ》う

②餓鬼《がき》――餓えと渇きが際限なく、常に、

満たされぬ飢餓状態におかれる

③畜生《ちくしょう》――ただ本能のままに生き、他の虐待《ぎゃくたい》や使役《しえき》から逃れることができない

④修羅《しゅら》――われのみ尊しとして、たがいに傷つけ、殺し合う

⑤人《にん》――心掛けによっては楽しみもあるが、多くは、四苦八苦《しくはっく》に苛《さいな》まれる

⑥天《てん》――快楽と長命は、人間をはるかに凌《しの》ぐが、寿命が尽きる時には、五つの衰《おとろ》え（天人の五衰《ごすい》）が生じ、身を滅ぼす

仏教本来の思想からすれば、これら輪廻する世界は、いわば、さまざまな出来事や人と物とが絡《から》み合い、織りなす人生の綾《あや》模様……。人間の生き方、心のあり様を示すものと見るべきでしょう。

しかし、仏教がいわんとしている精神性（正《しょう》信《しん》）よりも、人々の圧倒的な支持を得たのは、「死後の現実生活」ともいうべきものでした。それが、風俗・習慣（俗信《ぞくしん》）にも多大な影響をもたらし、姿・形を変えながら今日に至っています。

正信と俗信。いずれにしても、葬儀の役目とどう関わるのか。そのままでは、どうにも辻褄《つじつま》が合いません。

そこで、ふと思い浮かんだのが、

「六道能化《ろくどうのうけ》の地蔵尊《じぞうそん》」

でした。能化とは、一切衆生《いっさいしゅじょう》をよりよく教化《きょうけ》（教え導く）する仏・菩薩をさします。

寺の山門《さんもん》や墓地の入口などで、六体のお地蔵様を見かけることがあるでしょう。六道をさ迷う者を、それぞれ手分けして、安楽の世界、仏の道にいざなう――。つまり、苦悩から救済す

るための、道案内役を担《にな》っておられるのです。

ですから葬儀の六道には、そうした教えの意味が、わずかながらも加味されているのではないか――。これは、願望に近い解釈に過ぎたようで、残念ながら、必ずしも地蔵役ではなかったようです。

五来重《ごらいしげる》氏の著述『葬と供養』（東方出版）に、「葬具の六道」という項目があります。その中に、「ロクドウ持《もち》」という呼称が見えます。

この場合の六道とは、「正しくは『六道蝋燭《ろうそく》』といわなければならないが、今は『六道塔婆《とうば》』になったところもある」、「六道という葬具は蝋燭を立てることに目的がある」

「それが葬列より先に出たロクドウ持によって」、（辻や曲り角などに）「立てられた道を、葬列は墓地に進むのである」

「葬列が過ぎてしまうと、これを集めて墓地に行き、埋葬の済んだ後へ杖《つえ》、笠《かさ》、龍頭《たつがしら》、花籠《はなかご》などと一緒に立てたり、野膳《のぜん》の四隅《よすみ》に立てたりする」

と述べられています。

さらに、常陸新治《ひたちにいはり》郡大津村の事例をあげて、

「ロクドウノヒトは棺舁《ひつぎか》き（かつぐ）当番と葬式の買物役や穴（墓）掘り役である」

と具体的に言及しています。

私ごとですが、ご縁があって茨城県かすみがうら市の寺に転住しました。旧大津村とは目と鼻の先。たしかに「六道さん」の呼び名は、今も〝健在〟です。先住地の春日部市では聞きませんでしたし、群馬方面では、これを床《とこ》（墓）掘りというそうです。

その茨城県でも、人口減少の地域では、組内から六人は出せず、四人ないし二人だったりが現状です。

　もちろん土葬と違い、事前に墓掘りをする手間もなくなり、全てにおいて簡略化が進んでいます。ただ、五来氏がいう「六道蝋燭」は、絵馬に柄《え》をつけたような蝋燭立て一対に、三体づつの地蔵を描き、それは今もって六道さんの手で行われています。

　また、通夜《つや》振る舞い、忌中《きちゅう》払いの席では、丁重な持て成しを受ける風習も生きています。

　たしかに昔の葬儀は、繁雑な面が多々ありましたが、その一つ一つの儀礼をこなしていくことが、遺族・親戚のみならず、地域の人々にとっても、亡き人への鎮魂《ちんこん》と、敬意のあらわれであったのです。

　葬儀の六道役は、先導者であり、また、裏方で雑務を熟《こな》す、「縁の下の力持ち」的存在です。その意味では、仏教の説く「菩薩道の実践」に他なりません。禅宗では、「任に当《あた》って他に譲り難《がた》し」、といいます。

　どうぞ、地蔵菩薩のような利他《りた》の気持ちを込めて、お務《つと》めください。

お葬式で「六道」役を頼まれたら、どうか、お地蔵様のような利他の気持ちをもって、お務めください。

⑥ 過去帳とは何か

質問

仏壇が手狭《てぜま》で、位牌《いはい》を整理したいのですが、「過去帳《かこちょう》」について教えてください。

（二〇一七年六月の質問）

――〈回答〉――

昔は、家を造作《ぞうさ》する折りに、あらかじめ仏像や位牌を祀《まつ》る場所を設《しつら》える、などの工夫がありました。後から押入れを改造した、といった話も聞きます。これならば、スペースとして、かなり余裕がみられます。

やがて、個室で仕切るなど、住宅事情の変化もあって、部屋の一角に仏壇を置くのが、ごく普通のことになりました。

その仏壇も、マンションの普及に後押しされて、コンパクト化が進んでいます。仮りに、それなりの高さや幅、奥行きのある仏壇でも、位牌そのものを安置する面は限られます。これが数代に渡れば、ご先祖様としても〈身の置き所がない〉、始末となります。

また、重ね合わせの状態で祀《まつ》れば、戒名《かいみょう》も見づらくなります。となると、何となく〈後ろの方には申し訳ない〉、といった気持にもなります。

話を過去帳に移します。

本来は位牌は位牌、過去帳は過去帳。決して位牌の「省略形」でないことは、いうまでもありません。

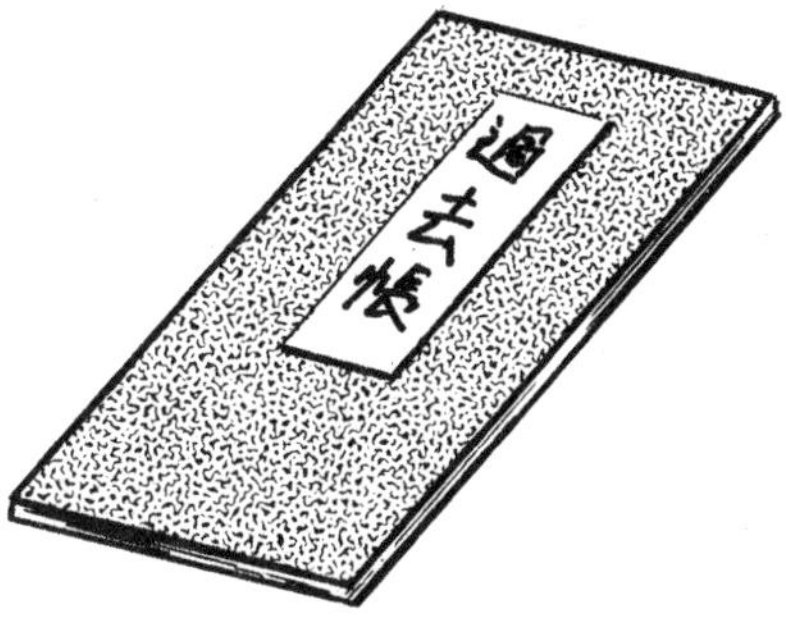

過去帳

ましてや、仏壇は聖なる場ですから、荘厳《しょうごん》（おごそかに飾りつける）さも大切です。

そうした意味で、身近な方以外の古い位牌を一つにまとめる。これは良い意味での「合理化」といえます。そのまとめ方には、二通り考えられます。

① 一括、「○○家《け》先祖《せんぞ》代々《だいだい》之《の》霊位《れいい》」とする

② 回出《くりだし》位牌（台座の上に戒名札《ふだ》が十枚前後入る箱状のもの）を用いる

①の場合は、代々の戒名がわからなくなりますし、②にしても、一々取り出さなければ命日忌《き》が判然としません。その点で、過去帳は大いに役立ちます。

過去帳とは、もともと（今もそうですが）、寺に備え置くべきものでした。檀信徒《だんしんと》で亡くなった方の戒名・俗名《ぞくみょう》の後に、死亡年月日や施主《せしゅ》

（法事を営《いとな》む当主）と続柄、年齢などを記してい
ます。
古くは、「霊簿《れいぼ》」ともいいました。つまり亡
くなった方の名簿です。
「鬼籍《きせき》」あるいは「鬼簿《きぼ》」ともいいますが、
驚かないで下さい。悪神・邪神ではありませ
ん。仏教では、「餓鬼《がき》」を略していうこともあ
りますが、この場合は、目には見えないところ
にいる「死者」、「逝《ゆ》ける者」といったほどの意
味です。
では、歴史的にはどうか？
関連するいくつかの資料では、天台宗《てんだいしゅう》の第
三代座主《ざす》・慈覚大師円仁《じかくだいしえんにん》（七九四〜八六四年）と
いう方によるものが、過去帳の始まりだとされ
ています。
時は平安時代の頃。『結集《けつじゅう》名簿』といわれる
ものですが、その中味については、私自身、ま
だ調べがついておりません。
間接的資料によると、これは慈覚大師の下
に参集した、有徳の僧侶の名が列挙された名簿
で、これらの方々を回向《えこう》したことによる、とい
われています。
過去帳として成立をみた起源は、鎌倉時代以
降と推察されています。時宗《じしゅう》には『往古之《おうこの》過
去帳』というものがあるそうです。
この宗派では、二祖《にそ》様以来、歴代の祖師方
が、僧俗の区別なく法名《ほうみょう》を記入し、身近に携《たずさ》
えて回向してきた、と伝えられています。もち
ろん、他の宗派の本山などでも、同様の行持《ぎょうじ》
が行われてもいます。
寺に備えつけられていたものが、一般庶民に
も普及したのは、江戸時代のことのようです。

各家々でも、仏壇の中に安置するのが習俗の一つとなり、今日に至っています。

さて、過去帳を新調する時の心得としては、事前に、お寺に書写《しょしゃ》を依頼しておくことです。細かい文字で書きますし、誤字があってはなりませんから、書き手は慎重を極めます。そこで、予《あらかじ》め時間的余裕を確保しておくことが必要です。

過去帳には二通りあって、死亡順に書くものと、一日から三十一日に分けた日めくり式のものがあります。日めくりの利点は、命日がわかりやすいことです。

様式はどちらにしても、表紙を開くと、三ページ分ほどの余白があるはずです。

その部分には、仏や祖師の名号《みょうごう》など。あるいは仏《ぶつ》・法《ぽう》・僧《そう》の三宝《さんぽう》の功徳《くどく》や、亡き人への回《え》向文《こうもん》。さらには、家門興隆《かもんこうりゅう》や子孫繁栄の祈願が書き込まれるのが通例です。

これを拝受した後に、お寺に依頼して日を定め、僧侶によって、点眼《てんげん》（仏像などは開眼《かいげん》という）供養《くよう》を営んでもらいます。

過去帳は、単なる記録帳ではありませんから、位牌と同様、丁重に扱いたいものです。

そして盆《ぼん》や彼岸《ひがん》の折り、棚経《たなぎょう》の僧侶に全ての戒名を読み上げていただけたら、三十三回忌を過ぎた諸霊位《しょれいい》にも、何よりの供養かと思います。

第五章

仏像・仏具・寺院建築の疑問

① 如来・菩薩と明王の違いとは

質問

如来《にょらい》・菩薩《ぼさつ》は柔和《にゅうわ》ですが、明王《みょうおう》は険《けわ》しい形相《ぎょうそう》。同じ仏教の尊像《そんぞう》なのに、なぜ違うのですか？

（二〇一五年六月の質問）

――〈回答〉――

仏像に対する一般的なイメージは、まさに“容姿端麗《ようしたんれい》”。しかも「慈《じ》（いつくしみ）」と「悲《ひ》（あわれみ）」の漂《ただよ》いを感じさせるものでしょう。物静かなほほえみや、憂《うれ》いをふくんだ面立ち……。私の第一印象も、まったく同様でした。

もちろん、威厳《いげん》に満ち、思わず心が引きしまる、数々の仏像にも接しました。

しかし、「明王」となりますと、厳《おごそ》かさというよりは、むしろ厳《いかめ》しさ。ニュアンスとしては、激しさ、荒々しさをおぼえます。

明王の風貌《ふうぼう》を称して〈ドーベルマンみたい！〉とは、ある幼児の直感でしたが、大人の目からしても、極めて異相《いそう》、奇相《きそう》です。

それでいて、仏教において絶大な力を有する「守護神」とされるのは、密教の教えによります。

密教の教主である大日如来《だいにちにょらい》は、三種に化身するとされます。

一は、如来としての顕現《けんげん》ですから「自性輪身《じしょうりんじん》」。

二は、菩薩となって衆生《しゅじょう》に仏法を説く「正法輪身《しょうぼうりんじん》」。

三は、言行・態度が猛々《たけだけ》しく、教化《きょうけ》しがたい衆生を導くための「教令輪身《きょうりょうりんじん》」です。この教令輪身が明王なのです。

教令とは仏の制定した規則。「輪」は持物。もとは武器を意味するものでした。そして「身」。これは身体というより、「積極的かつ強固なハタラキ」、と解釈した方がよい。私はそう思います。

つけ加えますと、その強固なハタラキは、明呪《みょうじゅ》（真言《しんごん》・陀羅尼《だらに》）を唱えることによって感得《かんとく》（信心が神仏に通じて願《がん》がかなう）出来るとされます。明王の名も、ここに由来しています。

明王の険しい形相、これを仏教では「忿怒相《ふんぬそう》（憤《いきどお》り・怒りのすがた）」といい、その容姿から発揮されるのが「折伏《しゃくぶく》」です。

相手の非を突いて、断固として屈服させるのですから、柔和温順、というわけにはまいりません。

ところで、子どもの頃のことですが、鏡の前で、他愛もない〝実演〟をしたことがあります。そして気づきました。笑いながら怒ること、怒りながら笑うこと——。

これは至難の技というより、不可能でした

（泣き笑いは出来ますが……）。

つまらぬ譬《たと》えかも知れませんが、事実、人の表情はそうしたものですし、これは仏像にもいえることだと思います。

折伏の対極は「摂受《しょうじゅ》（心を寛大に持ち、相手の非も穏やかに受け容《い》れること）」ですが、その両極を、同時に表現することは出来ません。

しかし形相こそ違え、双方に共通しているのは、紛《まぎ》れもない、「衆生済度《しゅじょうさいど》」なのだ、ということです。

明王は、あたかも岩石を破砕《はさい》するが如く「怨敵《おんてき》」を折伏する、といいます。では、怨敵とは何なのか。

それは他ならぬ、人々の心に巣くう貪《むさぼ》り・瞋《いか》り・愚《おろ》（痴）かさの三毒《さんどく》に代表される煩悩《ぼんのう》です。

これらの煩悩は、人々の生き方にいろいろな障害をもたらします。「叱咤激励《しったげきれい》」も、時と場合によって必要です。

しかし経典の一節には、

「魔軍を破るといえども後に法楽《ほうらく》を与え、忿怒を現ずるといえども内心は慈悲なり云々《うんぬん》」

明王の忿怒と折伏は、実のところ、こうした精神に裏づけられているものです。

その明王の中心的存在が、「不動明王《ふどうみょうおう》」です。

光背《こうはい》の火炎は智慧を象徴した炎で、「すべての煩悩を焼き尽くす」とされます。

左手は羂索《けんじゃく》。これは縛りあげる縄で、お不動さまにかかったら、誰一人として〈一筋縄《ひとすじなわ》では行かない〉者などおりません。

右手の剣は、「快刀乱麻《かいとうらんま》を断つ」切れ味です。

大日如来

不動明王

柔和な表情の如来・菩薩と、怒りの表情の明王。
あらわれ方は違うけれど、本質は全く同じなのです。

脇侍《わきじ》には二童子《にどうじ》（矜羯羅《こんがら》童子・制吒迦《せいたか》童子）、または八大《はちだい》童子を従えます。

その不動明王のお姿で、特徴的な部分の一つは、眼光するどい「目」です。左目は下方、右目は上方を向いていて、これを「天地眼《てんちげん》」といいます。お見通しが効きますから、誰も逃げ隠れは出来ません。

しかし厳しい反面、どことなくお人好しな趣《おもむ》きを感じるのでしょう。人々は、身近なご利益《りやく》をお不動さまに託《たく》し、親しんできました。

古川柳《こせんりゅう》にも、なれなれしく、

不動尊背中の寒い事はなし

光背の火焔をシャレのめしているのですが、この程度なら、不動明王も怒らないでしょう。

②　ユーモラスな羅漢さんたち

質問

五《ご》百《ひゃく》羅《ら》漢《かん》像を拝観しました。羅漢さんたちは「聖者」というイメージではなく、皆、ユーモラスでした。何故でしょう？

（二〇一五年一月の質問）

――〈回答〉――

五百羅漢のそれぞれは、ユニークで、ユーモラスな風貌《ふうぼう》の持ち主ばかり。時の経《た》つのを忘れるほど、飽きることがありません。

その点からすると、一人一人が、釈尊の法を受け継いだ聖者たちとは、すぐには思い浮かびません。

そうした高弟たちが、庶民から〈羅漢さん〉と、親しまれるようになったのは、何故なのか。興味はそそられますが、それは後のお楽しみ……。

まず、「羅漢」とは何かです。羅漢は「阿羅《あら》漢《かん》」の略称で、そして阿羅漢は梵語《ぼんご》アルハット（arhat）の音写《おんしゃ》であり、その意味は「阿羅を賊《ぞく》と名づけ、漢を破《は》と名づく」と説明されています。一切の煩悩《ぼんのう》（賊）を打ち破った存在で、「殺賊《せつぞく》」とも意訳されます。

ほかにも、「無学《むがく》」という意訳があります。一般的には、学識がない人、と解釈されがちですが、仏教的には、「これ以上、学修をする必要がないほどの力量（の持ち主）」という意味です。

「応供《おうぐ》」とも意訳されます。これは「如来十《にょらいじゅう》号《ごう》」の一つでもあります。

如来十号とは、釈尊に冠せられる十の尊称で、「如来《にょらい》・応供《おうぐ》・正遍知《しょうへんち》・明行足《みょうぎょうそく》・善逝《ぜんぜい》・世間解《せけんげ》・無上士《むじょうし》・調御丈夫《じょうごじょうぶ》・天人師《てんにんし》・仏世《ぶっせ》尊《そん》」です。

応供とは、「修行を完成し、世の人々から尊敬され、供養に応じられるだけの徳を具《そな》えている、大導師」という意味です。

その意味で、阿羅漢（略して羅漢）も、釈尊同様、応供なのです。

その根拠は、釈尊が入滅《にゅうめつ》（聖者・高徳の人の死をいう）する時、十六人の高弟に、〈伝授した悟りの境地を護持《ごじ》し、これを以《もっ》て人々を利益《りやく》するよう〉説示されたこと。

また入滅後、後継者である摩訶迦葉尊者《まかかしょうそんじゃ》が、正しく仏法を伝えるための会議、「結集《けつじゅう》」を開きます。その際、阿羅漢と認められていた五百人が、さらに結集して経典を編集したこと、などです。

つまり十六羅漢は、すでに応供として認められており、五百羅漢は、これを予言されていた人たちでした。

それが、やがて庶民仏教の中にも息づいてきたのです。

釈尊の入滅時を描いた涅槃図《ねはんず》には、菩薩《ぼさつ》や天《てん》龍《りゅう》・鬼畜《きちく》などにまじり、お弟子方の嘆き悲しむ様子が見られます。無常を悟っているはずの阿羅漢にも、こうした一面があるとは、驚きでした。

仏教の、教えの根本は智慧と慈悲です。阿羅漢は、その両面を具えています。けれども、その慈悲をさらに砕いていえば、「人間味」に他ならないでしょう。仏典には、「聖儀《しょうぎ》（神聖なよそおい）を蔽《おお》い隠して、常に凡衆《ぼんしゅ》（世俗の人々）に同《どう》じ」、「衆生《しゅじょう》を利益《りやく》せらるるなり」とあります。

まるで一休禅師や良寛和尚の姿が、彷彿《ほうふつ》として蘇ってくるかのようです。如来・菩薩とは違った雰囲気と容貌《ようぼう》。そして「僧形《そうぎょう》」であること――。

といって、決して格式ばってはいません。袂《たもと》が触れ合う身近な存在です。一緒に泣き、笑い、慰め励ましてくれる、頼もしき僧侶の姿を、庶民は期待し、羅漢像に托していたようにも思えます。

ところで、十六羅漢、五百羅漢の筆頭は、賓《びん》頭盧《ずる》（ピンドーラ・バラドヴァージャ）尊者という方です。この聖者は、神通力《じんづうりき》にも説法にも冴《さ》え、獅子が吼《ほ》えるようだったといわれています。

ところが、いたずら好きが高じたのか、神通力を過信したためか、釈尊に叱声《しっせい》されたという、まことにほほえましいエピソードの持ち主でもあります。

その反省からか、「世間に現住《げんじゅう》して」（現実社会に踏みとどまり）、教化活動にいそしんだといわれます。その結果でしょうか、後世の日本では、「おびんずるさま」「なでボトケ」などと呼ばれています。

お寺の本堂脇などで、拝顔《はいがん》した方も多いと思います。また病気や身体の弱い人は、賓頭盧さまのその部分をさすると、平癒されると信じられてきました。

羅漢さまの魅力は、他にもあります。五百羅漢を参拝していると、必ず、今までに出会った人と回合できるというのです。

古川柳に、

親のあるうちはらかんに気が付かず

があります。「亡くなって知る親の恩」。生きている間は、身近すぎて、親の恵みに気づかないものです。

また、次のような一句もあります。

おこるのは五百らかんへのらぬなり

〈怒りは禁物だよ、誰にでも優しく親しい羅漢さんでありなさい〉、とも諭《さと》されます。

そういえば、どこかの国の元首相は、〝イラカン〟と渾名《あだな》されていましたっけ……。

新年です（本稿執筆時）ので、私も、羅漢にかけて駄作を一句。

初空はあっけらかんと富士を見せ

③ 五郎丸選手と仏像の印相

質問

ラグビーの五《ご》郎《ろう》丸《まる》選手。印《いん》を結ぶような仕種《しぐさ》がウケていますが、仏像の印相《いんぞう》との関係は？

（二〇一六年一月の質問）

――〈回答〉――

「五郎丸」という苗字《みょうじ》にも、注目させられました。名でなく姓で、仮《かり》に名前にしても随分《ずいぶん》、時代がかっていて、その点でも、多くの耳目《じもく》を集めました。

また彼の所属チームが、奇跡的な勝利をおさめ、日本のラグビーが見直されましたが、あのポーズも単なる話題にとどまらず、一大ブームを呼び起こしています。

これを観た世間もマスコミも、何か深いワケがあってのことかと、頻《しき》りに穿鑿《せんさく》の目を向けました。特に仏像との絡みとなれば、話題は一層、深まるというものです。

けれども、印相と結びつく直接の根拠は、本人からも語られていないようです。想像の域を出ませんが、いつかどこかで拝観したことが影響し、今日のような独自のポーズとして定着したのかもしれません。

もう一つ。私などは、五郎丸選手の仕種《しぐさ》で直観的に思いついたのは、仏像ではなく、漫画『忍者ハットリくん』や『サスケ』でした。そして、それよりもずっと昔、日の暮れるのも忘れて熱中していた、猿飛佐助《さるとびさすけ》や霧隠才蔵《きりがくれさいぞう》といった「忍者遊び」を思い出しました。

大概は、胸のあたりで印を結ぶのですが、想像と夢の世界では、そうすることによって、飛んだり消えたり出来たのです。つまり、自分の力では及ばない、超能力を引き出そうとする行為です。

五郎丸選手の、例の「ルーティン」(routine＝いつも決まってする手順)も、幼少期のそれに似たものの延長線にあるとも、考えられないことではないでしょう。

さらに、あの映像を何回か観ていて、五大《ごだい》明王《みょうおう》の一尊で、戦勝祈願の主・大威徳明王《だいいとくみょうおう》の印相かと思ったりしました。指の結び方が、か

大威徳明王。胸の前で印を結んでいます。五郎丸選手のポーズは、これに似ている？

なり似ていたのです。

ところが、仏像の書籍や図鑑から、大威徳明王印は、中指を立てていることに気づきました。五郎丸選手は、明らかに人差し指です。

その矢先、岐阜県・関善光寺《せきぜんこうじ》のご本尊・大日如来《だいにちにょらい》の印相が一致しているとテレビ報道され、またまた話題に花が咲きました。親指はわかりませんが、確かに人差し指を立て、残る三指は重ね合わせています。

しかし、一般に知られている大日如来の印相は、大きく分けて二通りです。密教の宇宙観は金剛界《こんごうかい》・胎蔵界《たいぞうかい》に分けられ、この両界がたがいに補完しあっていると説かれます。

金剛界は「智拳印《ちけんいん》」、胎蔵界は「法界定印《ほっかいじょういん》」です。絵画なら一目瞭然なのですが、一応説明しますと、智拳印は、左手の立てた人差し指を右手の人差し指以外で握り、その人差指は、軽く曲げる形をしています。

法界定印は、坐禅の時の手の組み方（禅定《ぜんじょう》印《いん》）です。仏は左掌《てのひら》の上に右掌。私たちはその逆に手を乗せ、両指の先端をつけ合います。

それからすると、関善光寺の如来様と五郎丸選手の印相はかなり珍しく、敢えて結びつけるとすれば、忍者や修験道《しゅげんどう》の「九字法《くじのほう》」（臨兵闘者皆陳列在前《りんぴょうとうしゃかいじんれつざいぜん》）。その「臨《りん》」（独鈷印《どっこいん》）に近いもの（かな？）と思われます。

ところで、仏教による印相の意味するものは何なのか。この点を考えてみることにします。

印相とは、サンスクリット語の「ムドラー」（mudrā）の漢訳で、古来インドでは、手の形で意志を表す習慣があり、それが、仏教に取り入れられたとされます。

といって、内容や思いを手の形で示すのは他国も同様で、たとえば民族の伝統舞踊《ぶよう》。フラダンス、フラメンコ、タイ舞踊、日本舞踊や民謡踊りにも共通しています。

ただし仏教でいう印相とは、「仏・菩薩の内面的さとりを示す形」であり、特に密教では「諸尊《しょそん》の内証《ないしょう》・本誓《ほんぜい》を示す外相」をいいます。

内証とは、「心の内で真理をさとる」こと。本誓とは本願と同義語で、「過去世に立てた衆生済度の誓い」です。それを形の上で表現することを「幖幟《ひょうじ》」といいます。

仏像をよく観察しますと、手や指の形、組み合わせだけでなく、杖や刀・蓮など、持ち物はさまざまです。それは内証・本誓をさまざまに表現していることに他なりません。

昔から「目は口ほどに物をいう」といわれ、古川柳にも、

気があれば目も口ほどにものをいひ

とありますが、手や指には、口（言葉）や目以上の表現力・説得力を感じます。

それを自分自身に振り向けたのが、五郎丸選手なのでしょう。神秘性ばかりに目を奪われず、形に込められた精神性にも注目してください。

口先でなく、指先です。

④ 蓮華の意味とは

質問

仏画・仏像、仏式の祭壇《さいだん》などに彫られ描かれている、蓮華《れんげ》（ハス）の仏教的意味は何ですか？

（二〇一六年二月の質問）

―――〈回答〉―――

ご指摘の通り、仏像・仏画（お絵像）などには、立像《りゅうぞう》・坐像《ざぞう》の別なく、蓮華の台座《だいざ》は付き物です。また菩薩《ぼさつ》の中には、持物《じもつ》としての蓮華が見られます。観自在《かんじざい》（観世音《かんぜおん》）菩薩が、蓮華手《れんげしゅ》菩薩とも称される所以です。

寺院では、荘厳《しょうごん》といって、本堂内を仏具・法具で飾っていますが、本尊前には、金色の木製蓮華一対が見られます（青色を用いている場合もあります）。これを「常花《じょうか》」といいます。なぜ常なる華なのか、といえば、枯れることのない、永遠に咲き続ける「仏の教え」を象徴しているからなのです。

最近では式場葬の影響からか、全般的に宗教色が薄まっていますが、たまに「施主花《せしゅばな》」を見つけ、ホッとすることがあります。これは紙製の造花ですが、中心の蓮華は開花《かいか》していないのが特徴です。

蓮華（ハス）

つまり、開花は、悟りの境地、成仏《じょうぶつ》を表しています。亡き人のこれからは、残された者の回《え》向《こう》によるので「未開敷《みかいふ》」の蓮華なのです。

今でも、葬具や祭壇をよく見れば、どこかに必ずといってよいほど、蓮《はす》の花や葉があしらわれていることに気づくことでしょう。

これほど仏教と深い関わりのある蓮華ですが、決して形にとどまるものではありません。教義にも如実に反映しています。

たとえば、仏教には、「泥中《でいちゅう》の蓮華」という教えがあります。これは、汚泥にあっても、浄《きよ》らかで麗《うるわ》しい花を咲かせる蓮華のハタラキ、風情《ふぜい》を、私たちの生きる姿勢に見立てた譬《たと》えです。

また蓮華台《れんげだい》（うてな）といえば、仏・菩薩や、極楽《ごくらく》に赴《おもむ》いた人の、安住している位置を示しています。

他にも、蓮華は、仏教の諸経典の中に散見しますが、『法句経《ほっくきょう》』を繙《ひもと》いてみましょう。

都大路に棄てられし
塵芥《ちりあくた》の堆《つみ》の中にも
げに香りたかく
こころ楽しき
白蓮《びゃくれん》は生ぜん

（『法句経』五八　友松圓諦・訳）

文中の「堆」は「つみ」と読ませていますが、堆積《たいせき》といえば「うず高く積もる」。そうした意味です。

この経を演劇風にいうと、主役はもちろん白蓮で、塵芥は名脇役といったところですが、「都大路に棄てられし」という、舞台背景にも注視したいものです。

その「棄てられし」には、大都会の華やかさに目を奪われ、尊ぶべき人間性を見失ってしまった、という人生の悲哀がうかがえます。そして「塵芥の堆」からは、それを掘り起こさなければ、私という存在は窒息してしまいかねない、といった切迫感が伝わってきます。

津波や震災、原発事故も、「喉元《のどもと》すぎれば熱さを忘るる」では、多大な犠牲を払った教訓は生かされません。

仮りに不幸な出来事の中にあっても、その苦境をおろそかにせず、むしろバネとして立ちあがる。この「法句《ほっく》」は蓮にたとえて、人として本来あるべき姿、めざすべき生き方を示しています。これが「白蓮は生ぜん」です。

また塵芥の堆という山は、煩《わずら》いという微塵《みじん》の集積でもあります。山は一挙には崩せないでしょうが、倦《う》まずたゆまず、鍬《くわ》の手を休めない精進《しょうじん》こそが、白蓮の開花をうながせるのです。これを「煩悩を耕す」ともいいます。

遊戯場《ゆうぎじょう》のモグラたたきではありませんが、手を拱《こまね》いていると、モグラはどこからでも頭をもたげます。これをひっこめなくては、白蓮の咲く場など得られません。

なるほど蓮は、泥土の中に身を置きながら、汚れることなく浄らかな花を咲かせます。その風情が、自己の悟りに向かって凛《りん》として立つ一方、世間と苦楽を共にする菩薩の姿にもなぞらえられます。

それでいて、その汚れに染まらぬあり方が、人間としての理想像と重ね合わされ、珍重されました。

仏典による蓮華は、四種とも五種ともいわれますが、通常はパドマ（紅蓮華）、プンダリーカ（白蓮華）をさすと、『仏教語大辞典』（中村元・著＝東京書籍）には記されています。

日本にもたらされた蓮華は、江戸時代、主に園芸品種として、百種を数えたようです。食用としては滋養に富み、また生薬《しょうやく》としての効能にも勝れ、ビタミン、ミネラル類を多分に含んでいるそうです。

蓮の葉は下痢・頭痛。花は解熱、止血・利尿・胃薬ともなり、種実（種子と果実）は皮膚病に、地下茎は痔にも薬効があるとか……。

現代は外見が幅を利《き》かせる時代ですが、爪の垢はともかく、蓮の内面の美徳を煎じて飲む必要は、大いにあるというものです。

⑤「御開帳」とは何か

質　問

仏像展の案内に「御開帳《ごかいちょう》」とありました。その意味、展覧会との関わりは何でしょうか？

（二〇一八年四月の質問）

――〈回答〉――

仏像に対しては、二通りの見解がある、と思います。美術や工芸その技術など、作品として鑑賞する。そうした催《もよお》しの公開が展覧会です。

もう一方は、「拝観」に属します。慈悲と智慧、あるいは、功徳《くどく》を有する仏《ぶつ》・菩薩《ぼさつ》、明王《みょうおう》などと向き合う。つまり、礼拝《らいはい》の対象としての接し方です。

展覧会のポスターや案内状に、御開帳と記されていれば、一応、その両方を加味《かみ》している、と受けとめられるでしょう。

「開帳」とは、帳《とばり》を開くことで、緞帳《どんちょう》をイメージしてみてください。舞台と客席を仕切っている、あの厚地の垂れ幕が上がれば、役者と観客は一体となります。いわば、聖と俗の境《さかい》を開通させるのが、御開帳です。

また、帳でなく厨子《ずし》（箱型で、仏像・仏舎利《ぶっしゃり》・祖師像・経巻などを収蔵、安置する仏具）の場合もあります。仏壇のように、扉が両開きになっています。「開扉《かいひ》」ともいいますが、どちらも開帳と呼び慣わしています。

歴史的には、定かでない面もありますが、

「八一九年（唐《とう》の元和《げんわ》十四年）鳳翔法門寺《ほうしょうほうもんじ》で塔内の釈尊の指骨を開帳して国内平安を祈った」（『世界大百科事典』＝平凡社・刊）

とあります。

また『話の大辞典』（日置昌一・著、日置英剛・改訂＝名著普及会・刊）には、

「永正《えいしょう》十四年（皇紀二一七七年・西暦一五一七年）四月十一日、法輪院《ほうりんいん》虚空蔵《こくうぞう》開帳之間爲㆓参詣㆒とあり、開帳といふ名もふるきことなり」

との引用もみえます。室町時代のことです。

これが盛んになったのは、江戸時代だとされます。ただ、庶民文化の花が開くとともに、興行的色彩も帯びてきたようです。要するに、大衆化の側面にある「お楽しみ」の場ともなったのでしょう。

開催される場も、二種に分けられます。その一つは「居《い》開帳」で、仏像を安置している寺自体で営まれるもの。二つめは、「出《で》開帳」といって、他所に移動させ、そこで公開する方法です。

この慣習は、現在も踏襲《とうしゅう》され、各地の名刹・古刹では伝統をふまえ、寺を挙げて行っていま

すし、博物館やデパート、といった催事場を利用している場合もあります。

それではなぜ、敢えて秘仏《ひぶつ》としたのか、という点です。私なりの考えを一言でいえば、「畏《おそ》れ多さの表れ」ではなかったか、と。

その意味では、古《いにしえ》からの神の存在に対する心理と、相《あい》通ずるものがあるようにも思えます。たとえば西行法師《さいぎょうほうし》は「何事のおはしますかは知らねどもかたじけなさに涙こぼるる」、と詠《えい》じています。

あるいは、先ほど触れた聖と俗の「住み分け」が、念頭にあったのかも知れません。

さらに、姿・形（像）はありながら、目に見えない状態に置くことで、霊験《れいげん》（祈願に応じる功徳力）の有難さ、神秘さが一入《ひとしお》つのる……。こういう解釈は穿《うが》ち過ぎでしょうか。

思いはつのるのですが、御開帳には、しかるべき期日の定めがあります。

毎月一回もあれば、春・秋の各一回、年に一回、三年、七年ないし十二年、とさまざまです。気が遠くなるのが、三十三年毎《ごと》（観音様が三十三身に変化《へんげ》するという由来からとか）の御開帳。「人生わずか五十年」、「人間一生二万日」の時代を想像してみてください。

因《ちな》みに、長野の善光寺様は七年に一回（満六年）で、期限は五十七日間だそうです。

ただ、実際に御開帳（公開）されるのは、本尊様の身代わりである「前立《まえだち》」の仏像です。〝実物〟は、いかなる人も拝することが出来ない秘仏中の秘仏、とされています。

前立本尊で思い出したことがあります。かれこれ四十数年前になりますが、埼玉県所沢市の

「山口《やまぐち》観音」（金乗院《こんじょういん》）にお参りした時のこと。お堂をめぐると、裏板に人工的に刳《えぐ》った穴を見つけました。

興味をそそられ中を覗《のぞ》くと、前立ならぬ、後立《うしろだち》の観音様が拝めるではありませんか。気づく人は、きっと少ない。〈これぞ穴場だ〉、と貴重なご縁を喜んだものでした。

開帳は、春の季語です。御開帳ならずとも、お寺参りには好時節《こうじせつ》となりました。

信州人の小林一茶《いっさ》も、たびたび善光寺に足を運んだようで、その折りの句が、

春風や牛にひかれて善光寺
開帳に逢《あ》ふや雀もおや子連れ

心のどかに、しみじみと仏との出会いを楽しみたい――。そんな思いにかりたてられる俳句です。

さて、仏像の拝観は、「自分さがし」だともいわれます。ウキウキ、ワクワクも結構ですが、くれぐれも、「骸骨《がいこつ》の上を粧《よそ》ひて花見哉《かな》」（鬼貫）に終わりませんように。

⑥ 木魚や鐘について

質問

木魚《もくぎょ》や鐘《かね》などは、読経《どきょう》の際の楽器だと思いますが、特別な意味がありますか？

（二〇一六年四月の質問）

――〈回答〉――

はじめに、鐘について触れることにします。

仏教発祥の地インドでは、修行僧を集める時に、木製の鳴らし物を用いたといわれます。月に住むと信じられた、兎《うさぎ》の持つ杵《きね》のようなものを横にして、棒で叩く。その目的は、釈尊の説法開始を告げるものだったとされます。

一方、形はわかりませんが、銅で出来た「梵《ぼん》磬《けい》（鏧）」なるものが、釈尊ご在世よりあったとする説と、中国に至って銅鐘《どうしょう》を用いるようになった、とする説。はたまた、磬も鐘も同一だった、ともいうのです。

となると、「祇園精舎《ぎおんしょうじゃ》の鐘の声」（平家物語）

の鐘は、一体どんな物だったのか、興味はわきますが、判然としません。

ただ便宜上、口が上に向いて、据《す》え置くのが磬。口が下に向いて釣り下げているのが鐘と、後になって区別がはかられたと——。これも一説によれば、の話です。

世間的にも、鐘や磬を漠然と、「カネ」とよんでいることが多いと思いますが、用途には違いがあります。本堂などで読経する時は、主に大磬・小磬を用い、儀式の流れ、節目を調整します。寺院の内外（山内）に、時刻を告げたり法要の合図をする時などは、梵鐘（大鐘。俗に釣鐘という）や喚鐘《かんしょう》（殿鐘《でんしょう》＝半鐘）で知らせます。

しかし、聴く者にとっては、それにとどまりません。梵の字が示すように、神聖かつ清浄な音色は、時に感情の乱れを鎮め、時に供養の心に、深く浸潤《しんじゅん》するものがあります。

それはあたかも、香道《こうどう》の「聞香《もんこう》」のようです。嗅《か》ぐといわず、聞くといいます。そこに、仏教から発した深い真情がうかがえます。同様に、『観音経《かんのんきょう》』の「妙音観世音《みょうおんかんぜおん》　梵音海潮音《ぼんのんかいちょうおん》」は、観音さまの「声」そのものです。

祖師の語に「声晨昏《しんこん》にひびいて耳根《にこん》を清浄にす」とあります。耳根は耳、根は感覚器官の働きをいいます。朝な夕なに響き渡る鐘の音は、仏・菩薩の説法そのものであり、それを聞く者の身も心も、いつしか清浄になっていくことでしょう。

また鐘は、微妙に二通りの音色を出します。打った瞬間は濁音《だくおん》ですが、濁《にご》りはすぐさま消えて、清音《せいおん》に変わります。人の心も生き方も、煩悩が消えて清澄な心に——。そうなれば単なる楽器を越えています。

次に、木魚について述べたいと思います。

鳴らし物としての木魚は、いわば読経の際の、リズムの緩急を調《ととの》えるための法器（仏具）です。四、五人で唱える場合は、さほどではありませんが、速度の不揃《ふぞろ》いは耳障《みみざわ》りです。その場合、誰に合わせるか。

僧侶同士でも一苦労ですが、そこに一般の人々が加わると、なおさらのこと。法要には厳粛さが求められます。五十人が百人でも、蕩々《とうとう》たる大河の流れのように唱和するには、木魚は有効な手立てとなります。

さて、この木魚の起源は、どうやら、中国に仏教が伝わってから用いられたようです。

唐の時代。百丈懐海《ひゃくじょうえかい》禅師の『百丈清規《しんぎ》』には、

「魚晝夜常醒　刻木象形撃之　所以警昏惰也」

（魚は昼夜、常に目を醒ましている。その形を象《かたど》ってこれを撃つのは、修行を怠《なま》け惰眠をむさぼることを警《いまし》める所以《ゆえん》による）

とあります。

魚は昼夜にわたり、目をふさぐことはないといわれています。これを捩《もじ》って、寝る間も惜しんで修行すれば、魚が龍となる（登龍門）ように、凡人も聖人になれる、という、励ましの意味もこめられています。

さらにこの木魚の原形は「魚鼓《ほう》」（梆《ほう》）だとも伝えられています。木魚は鈴に似た丸い形ですが、これは木製の魚そのものの姿で、腹部は空洞。口に珠を咥《くわ》えています。

この珠の正体は、一説に煩悩の固まりで、叩《たた》

くことによって吐き出させるというのですが……
……。

話は飛躍するようですが、文豪・夏目漱石は小説ばかりでなく、俳句も残しています。その作句の中で、木魚に関わる、次の句を知ることが出来ました。

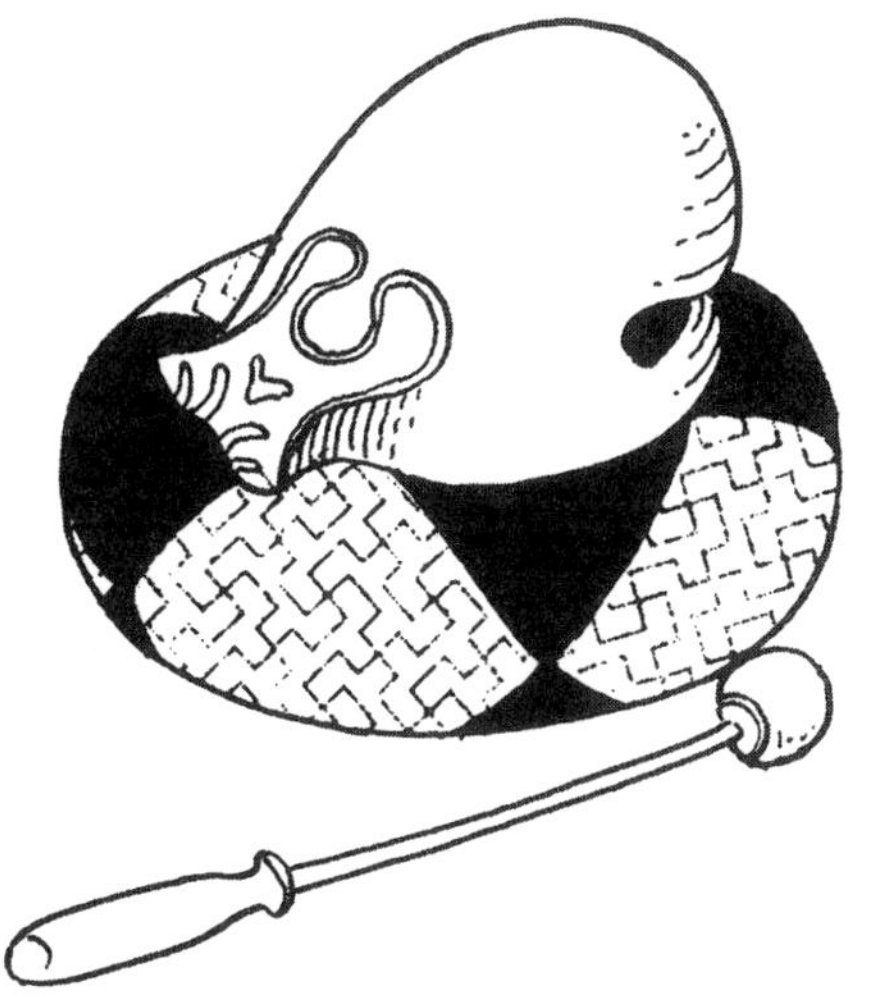
木魚

春惜しむ日ありて尼の木魚哉
叩かれて昼の蚊を吐く木魚哉

二句目のほうはユーモラスな情景ながら、木魚の由来に近く、親しみもわいてきます。

寺院における鳴らし物は、このほかにもあって多種多様です。それらはたしかに、法要時などの楽器には違いありません。けれども、そこはかと無しに仏・菩薩の功徳が醸し出されて、その音声《おんじょう》を聞く私たちを、幽玄《ゆうげん》（奥深く味わい深いこと）な世界に導いてくれるものでもあります。

⑦ 三重塔・五重塔とは

質　問

三重塔《さんじゅうのとう》や五重塔《ごじゅうのとう》。これはどんな理由で、何のために建てられたのですか？

（二〇一七年四月の質問）

―― 〈回答〉 ――

「塔」とは取りも直さず、高くそびえ立つ建造物一般をいいますが、仏教では「仏塔《ぶっとう》」です。話を明確にする意味で、まず、英語のタワーに触れてみましょう。

これも塔ですが、建てる動機・機能からして違います。たとえば、「東京タワー」や「東京スカイツリー」は、電波送信施設の鉄塔です。その空間を多目的に生かし、各種の商業施設なども組みこんでいます。

今や、善《よ》きにつけ悪《あ》しきにつけ、話題沸騰《ふっとう》中の米大統領、ドナルド・トランプ氏。彼の所有してきた世界各地の「トランプタワー」は、ビジネスとレジャー、集合住宅を兼ね備えているそうです。

世界の宗教、それぞれの教会にも塔はあります。その一つ。イスラム教では「ミナレット」（細長い塔で、光塔と訳される）があります。ここから教えを伝えたり、礼拝を呼びかけたり、あるいは時を告げる（日本でいえば鐘楼《しょうろう》）のです。

それでは仏塔はどうか、といいますと、経典の中に、それを建てるべき目的と意義が、ハッキリと示されています。

『妙法蓮華経《みょうほうれんげきょう》』如来神力品《にょらいじんりきほん》第二十一に、

「是中《ぜちゅう》　皆応《かいおう》　起塔供養《きとうくよう》　所以者何《しょいしゃが》　当知《とうち》
是処《ぜしょ》　即是道場《そくぜどうじょう》」

とあります。訓読《くんどく》すれば、

「是《こ》の中に、皆応《まさ》に塔を起《た》てて供養すべし。所以《ゆえ》は何《いか》ん。当《まさ》に知るべし。是の処《ところ》は、即《すなわ》ち是れ道場」

です。

「是の中に」とは、一箇所でなく、いずれの所においても、ということです。供養する対象は、もとより釈尊《しゃくそん》に他なりません。そしてこの仏塔は、僧俗《そうぞく》ともに修行する場なのだ、と示されています。

ここで、あえて仏塔としているのは、その語源に幅広さがあるからです。もとはサンスクリット語のストゥーパ（stūpa＝卒塔婆《そとうば》）で、略して塔婆・塔となります。

そうなりますと、石塔《せきとう》も板《いた》塔婆も三重・五重の塔も、みなストゥーパですから、建てる功徳《くどく》に差異はないにしても、イメージが描けません。そこで、仏塔として話を進めます。

仏塔は、高層の建造物であり、その中に、釈尊の舎利《しゃり》（ご聖骨）をお祀《まつ》りするものです。

仏伝《ぶつでん》によれば、八ヶ国の大王が舎利を分骨し、それぞれ供養塔を建てたとされ、その後、遺灰を祀るなど、十塔に及んだといいます。

やがて、仏教を信奉したアショカ王（阿育王《あいく》）によって、舎利信仰は、さらに普及をみました。当初の仏塔は、土を盛った土饅頭。あるいは舎利を収め、側面を石で築いたものや、石塔そのものだったようです。

やがて中国、朝鮮へと仏教が伝わるのですが、いうまでもなくその国の民族性・文化とも、関わりを深めます。本来的な面を継承しつつも、独自性がはたらきます。

中国では古来から、楼閣《ろうかく》（重層の建物）が発達していました。いわゆる木造の建築物で、日本の仏塔にも、大きな影響を与えました。

三重・五重塔などは、仏教の教説や世界観を示しているといわれますが、七重・九重・十三重塔となると、今、調べている限りでは不明です。一方、奇数を重んじる傾向も見られますが、木造の七重・九重塔は現存していないようです。

私などは、情を優先してモノを考えるほうですから、〈インドは熱い国で、尊い人には傘《かさ》をさしかける習慣があった。釈尊の舎利にもそうしたのだろう〉。

〈雨にも傘は欠かせない。高楼《こうろう》を護持《ごじ》するにも傘、つまり屋根や庇《ひさし》が最適と考えた〉。〈それが今日《こんにち》みる各層の屋根の様式になった〉、などと〝迷答〟を思い浮かべたりしたものです。

それでは、仏塔を建立《こんりゅう》する機縁になったのは何であったか、四点にまとめてみます。

①聖なる方が、そこに在《いま》すがごとく、その傍《かたわ》らで修行すること
②遺徳《いとく》を追慕《ついぼ》し、たたえること
③その教えを広め、他者にも信奉させること
④報恩感謝《ほうおんかんしゃ》の念を捧げること

三重塔

などが考えられます。

「信は荘厳《しょうごん》より起《おこ》る」といい、仏塔に限らず、仏堂のたたずまい、内外の装飾などは、弥《いや》が上にも信仰心を高めてくれることでしょう。

JR東海のCMに、「そうだ 京都、行こう」とあります。いよいよ桜花の好時節《こうじせつ》ですが、「仏塔めぐり」もいいものです。

美術的視点、あるいは歴史的視点と、人によって、興味はさまざまでしょう。

特に、信仰心から参拝される方に、申し添えておきます。

拝観は、正面からばかりでなく、「右遶三匝《うにょうさんそう》」を心懸けて下さい。右回り三回。これは、仏《ぶっ》・法《ぽう》・僧《そう》の三宝《さんぽう》を念じ、わが心の貪《とん》（むさぼり）、瞋《じん》（いかり）、痴《ち》（おろかさ）を鎮《しず》める行法《ぎょうぼう》です。

⑧「がらんどう」と「伽藍堂」

質問

世間でいう、「がらんどう」と「伽藍堂《がらんどう》」の違いとは？　また、「七堂《しちどう》伽藍《がらん》」とは何でしょうか？

（二〇一五年十一月の質問）

―〈回答〉―

「がらん」について『広辞苑』は、

①空洞のある金属製の物が打たれたり突かれたりした時に響く音

②人や物で埋まっているはずの一定の空間に何もなく、広くて空虚《くうきょ》なさま

としています。

①は、いうまでもなく擬声語《ぎせいご》の〝ガラーン〟。

②は、ある種の環境としての「場」でしょうが、見方を変えれば、人の心理状態にも通じます。

そこで、「がらんどう」とは、「空洞・空間・空虚などの、情況を表現したもの」と一応おさ

えた上で、次なる「伽藍堂」との関わりを考えてみます。

そのヒントは、「空《くう》」にありそうです。といっても、「色即是空《しきそくぜくう》　空即是色《くうそくぜしき》」などの空観《くうがん》（現象の背後に固定的な実在はないと観察すること）とは、縁遠いものです。

空は空でも空《から》っぽ……。庶民的イメージからすれば、家具を取り払った後の空家《あきや》、徒《だだ》っ広《ぴろ》い建物の象徴といったところでしょうか。その意味では、がらんどうも伽藍堂も一緒くたで、違いはなさそうです。

仏教のいう「伽藍」とは、サンスクリット語saṃghārāma（サンガーラーマ）の音を漢字に当てた「僧伽藍摩《そうがらんま》」の略で、その意味は、釈尊の教えに帰依《きえ》する僧たちが、修行生活をする場所（僧園《そうえん》）を指します。

それが、寺院またはその一群の建造物を一括して、伽藍というようになるのですが、当然、それぞれ異なった用途・目的が存在します。

「伽藍堂」は、伽藍を守護する「護伽藍神《ごがらんじん》」をまつるお堂です。インドから伝えられた帝《たい》釈天《しゃくてん》・毘沙門天《びしゃもんてん》・韋駄天《いだてん》などの諸天。日本では権現《ごんげん》・明神《みょうじん》など、寺院の由緒・由来によってさまざまです。

面白いと思うのは、大寺の掲示板などで「伽藍配置図」はよく見かけますが、なぜか「伽藍堂」の名称は見当たりません。これは、敢えて、がらんどうと混同させない、配慮によるものだからでしょうか。

序《つい》でながら、伽藍堂と対《つい》をなす、「土地堂《どじどう》」にも触れておきます。この堂は、特に禅寺などでは、地域・境内地《けいだいち》を守護する「土地神《どじじん》」をまつっています。一般的にいう「鎮守《ちんじゅ》」様です。

話を「七堂伽藍」に移します。七堂とは、一定の堂・塔・殿《でん》・舎《しゃ》をそなえていることで、数においては、七ないしそれ以上だとされます。それが、どの時代から制定されたかは、定かではないようです。

たとえば『世界大百科事典』（平凡社・刊）によれば、

「鎌倉時代の天王寺《てんのうじ》の聖徳太子伝《しょうとくたいしでん》《古今《ここん》目録抄《もくろくしょう》》に、〈塔、金堂《こんどう》、講堂《こうどう》、鐘楼《しょうろう》、経蔵《きょうぞう》、僧坊、食堂《じきどう》の七種を伽藍という〉とあるのが最も古い」

としています。

しかし七堂伽藍は、「日本で近世に一般化した言葉で、起源については明らかではない」ようで、『仏教語大辞典』（中村元・著＝東京書籍）でも、「江戸時代の用語らしく、内容も一定していない」――。

つまり、種類、名称、配置などは時代や宗派によって異なっていたことが窺《うかが》えます。

その中でわが国での代表的な七堂伽藍は、曹《そう》洞宗大本山《とうしゅうだいほんざん》・永平寺《えいへいじ》だといわれています。山門《さんもん》から上に仏殿《ぶつでん》、法堂《はっとう》。山門から左に見て東司《とうす》（大・小便所）、その上が僧堂。目を山門にもどして右方向に浴室、その上方に庫院《くいん》（寺務所・厨房《ちゅうぼう》など）が整然と配置されています。

他の宗派とは名称は違っても、機能面で共通している伽藍が目にとまります。その一、二を挙げると――

仏殿と金堂＝この施設は本尊様を安置している仏堂で、違いは堂内を金色に荘厳《しょうごん》（厳《おごそ》かに美しく飾る）しているかいないかでしょう。

法堂と講堂＝説教や講義などを聴聞する道場で、曹洞宗では、各種の法要儀式もここで営まれます。

もう一つの違いは、何をもって七堂とするかです。永平寺では、経蔵と鐘楼は、「それ以外の主要な建物」、と位置づけている点が特色です。

ところで、芭蕉《ばしょう》の句作に、

奈良《なら》七重《ななえ》七堂《しちどう》伽藍《がらん》八重《やえ》桜《ざくら》

があるのを、ご存じですか。奈良の都は七十年間、七代の天皇が続いたそうですが、南都《なんと》七大寺、古刹《こさつ》・名刹《めいさつ》が甍《いらか》を競い合っていました。

ですから、芭蕉は、七ヶ寺をさして七堂伽藍といっているのです。

ともあれそこに、濃艶《のうえん》とでも呼ぶべき、八重の桜があでやかに咲き誇っている、というのですから、まさに、一幅《いっぷく》の王朝絵巻を見るような一句です。

桜は勿論、春の季語ですが、この時節は万山《ばんざん》錦秋《きんしゅう》の候《こう》。紅葉《こうよう》、黄葉《こうよう》を賞《め》でながら、七堂伽藍めぐりも一興というものでしょう。

目を転ずれば、

七堂伽藍滅びるもののうるわしき

（森　西鳥）

なるほど、益々、奥深さが感じられてきます。

⑨ 銭湯と寺院建築の関わり

質問

銭湯によっては、寺院風の造りが見られます。仏教との関わりはあるのでしょうか？

（二〇一七年十一月の質問）

――〈回答〉――

〈私、生まれも育ちも東京世田谷三宿《みしゅく》です！〉、などというと、フーテンの寅さんの口上《こうじょう》めいていますが、幼・少年期、実家からほど近い先に、帝釈天《たいしゃくてん》ならぬ「月乃湯《つきのゆ》」がありました。その頃の銭湯は、身近な生活の、欠かせぬ一部でした。

子ども時分のことで、特に玄関口が「寺院風」だということに、さして不思議さも覚えず出入していました。気になりだしたのは、仏門をたたいた高校生の頃。〈何でお風呂屋が寺のようなのだ〉、と――。

今回、あなたの疑問のお陰で、ことは「風

呂」だけに、私の思いも、フツフツと再燃してきました。

そこで、風呂と仏教・寺院の歴史的な関係を語る前に、風呂とはそもそもどんなものだったか、語源から探《さぐ》ってみることにします。

一説には窖《あなぐら》や岩屋を用いた「室《むろ》」による、とされます。または、茶の湯で、釜をかけて湯をわかす「風炉《ふろ》」に始まる、ともいわれています。

物の始まりは蒸し風呂だったようで、今でいうサウナです。

今日、風呂に入るといえば浴槽に浸《つ》かることですが、そうした習慣は、江戸時代も後期のことで、これを「湯屋《ゆや》」と称しています。

川柳句も、風呂よりは湯屋が圧倒的で、「村の湯屋ほらの貝からわいてくる」とあって、舟で巡回し、法螺《ほら》を吹いて呼び込む商《あきな》いもありました。これを「湯舟《ゆぶね》」といいました。ホラではありません。

ですから、一口に風呂といっても、蒸し風呂から湯浴《あ》み（浴びるだけの湯掛《ゆかけ》・沐浴《もくよく》）。そして入浴へと移り変わったのです。

ところで、『話の大辞典』（日置昌一・著＝名著普及会・刊）「風呂の由来」によれば、

「奈良朝時代には仏教の伝来と共に寺院に浴室を構えたことは、その時代の東大寺、法華寺、京都の東寺などに遺《のこ》された浴室を見ても当時の面影を偲《しの》ぶことが出来る」

さらに、『枕草子《まくらのそうし》』や『今昔物語《こんじゃくものがたり》』の一節を引用し、「蒸風呂のあったことが窺《うかが》える」、としています。

もとより仏教は、「斎戒《さいかい》沐浴」といって、常に身と心の汚れを戒《いまし》め、慎《つつし》むことを宗としています。そのため、七堂伽藍《しちどうがらん》（寺院の主要な七つの建物）の一つに、浴司《よくす》（浴堂・浴室）を配置しています。つまり、入浴することも、修行の一環でした。

この施設を、「布施行《ふせぎょう》」の精神に照らして、貧しい人々、病人などを中心に、広く庶民に開放したのが「施浴《せよく》」です。

それは仏教に帰依する人々にも影響を与えました。その一人、仏教の信奉者・光明皇后《こうみょうこうごう》（聖武天皇《しょうむてんのう》の后《きさき》）も積極的に施浴を実践しています。

施浴は、それ以後の時代にも継承され、

「源頼朝《みなもとのよりとも》は、後白河法皇《ごしらかわほうおう》の追善《ついぜん》のために一〇〇日の温室を設けて往来の諸人を入浴させている」

「室町時代には寺院の施浴を〈功徳ぶろ〉ととなえ、日を定めて広く一般の人々を入浴させた」

（『世界大百科事典』＝平凡社・刊）

といった記述もあります。

風呂と関わった僧侶もいます。鎌倉時代の高僧で、東大寺の復興に尽力した俊乗房重源《しゅんじょうぼうちょうげん》上人《しょうにん》。この方は入宋《にっそう》して、彼《か》の国の寺院の浴室を見聞し、「鉄湯船《てつゆぶね》」を考案したとされます。

それは、釜で熱した湯を、樋《とい》（溝《みぞ》形や筒状）を使って湯船に運ぶ、当時としては画期的なものでした。

こうした経緯をみていると、道元禅師《どうげんぜんじ》のお言葉が思い起こされます。

「舟を置き橋を渡すも布施の檀度《だんど》なり。治

生産業、もとより布施に非《あら》ざることなし」

檀度とは、他を利益《りやく》する行いであり、治生産業は生業と略され、生活のための仕事です。

銭湯は、いうまでもなく料金をとって入浴させる商売ですが、身体だけでなく、心まで穏やかに、健《すこ》やかに、そして、清々しい気持ちにさせてくれます。何とも貴重な、歴史的文化遺産だったのです。

人々にとっては、大きな恵みとなった風呂。その基《もとい》が仏教にはあったのです。

そんな訳で、当初は寺院の浴司が、江戸時代以降の銭湯に影響した、と信じていました。けれども、町田忍氏の著書『銭湯』（ミネルヴァ書房・刊）に接して、必ずしもそうではなかったことを知ったのです。

氏によれば、「銭湯建築様式イコール宮造り、という方程式は全国的には特異であり」、「東京を中心とした地域以外における銭湯様式の定番はない」。「それが関東大震災後に急に豪華な宮造り銭湯が増えてきた」。

つまり、銭湯に携《たずさ》わった宮大工のアイディアと技術によるものだったようです。

しかし私としては、建築物（形）としてはそうであっても、棟梁《とうりょう》の描いた、そのイメージの奥には、寺院とその浴司があった――。そう信じる世界に、ドップリ浸かっています。

第六章

仏教に親しむために

① 御朱印とは何か

質問

友人と、「御朱印《ごしゅいん》」を集めるための旅を計画中です。御朱印の本来の意味と心得《こころえ》を教えて下さい。

（二〇一七年二月の質問）

――〈回答〉――

「御朱印ガール」、という造語もあるほど、若い女性を中心に関心の裾野《すその》が広がり、ブームをよんでいるようです。

要因は何か。くちコミばかりではありません。ご多分に漏れず、スマホを使ったツイッターやラインといったSNSなど、この影響は大きいと思います。

電車ならば、目的地もわからず〈みんなが乗るから私も乗る〉、そんな人はいないでしょう。しかし、「風説」という風には、とかく煽《あお》られがちで、時折り、舞い上がっている人を見かけます。浮足《うきあし》立ってよいものなど、何もないのですが……。

　その意味で、物事の本質を事前につかんでおくことは、賢明な方法だと思います。ましてや御朱印ともなれば、神仏に関わるもの。仮初《かりそめ》にも、スタンプラリーなどと混同すべきではありません。

　もう一つ。私は以前、「巡礼ブーム」について意見を述べさせていただいたことがあります。その中で――、

「……バスやタクシーの中にふんぞりかえって、朱印帳や掛軸を添乗員・運転手にまかせる『車の中のおかしなメンメン』。 こともあろうに掛軸を何幅か持ちこんで、一稼ぎしようとか値踏みするとか、巡礼の名にふさわしからぬ人もあると聞きます」

（拙著『あなたの疑問に答える　仏教なんでも相談室』〈大法輪閣刊〉178ページ参照）

　こう指摘したのは一昔前。近頃のニュースで気になるのは、耳ざわりのよい「ネットオークション」です。問題は、この中に御朱印帳までが取り込まれているという実態です。

　確かに、過去にも西国・四国・坂東その他、名立たる霊場の御朱印の軸物が、ひそかに売られていたようです。それが、今やヤフーや楽天などで、入札・落札の金額が公然と示されている。これには驚かされます。

　三百円、五百円で記帳されたものが、数千円。物によっては万単位のプレミアム――。となれば、「何でも鑑定団」よろしく、価格のほうに目が奪われがちになります。

　それでは、御朱印の価値とは、そもそも何なのでしょう。そこで、本末転倒にならないため

に、先ずは謂《いわ》れを辿《たど》ってみます。

実は、『広辞苑』（第六版）では、「武将が公文《こうぶん》書《しょ》に用いた朱肉の印。また、その公文書」、といった類の解説しかありません。つまり、将軍や大名が発給した「朱印状」のことだけでした。

『仏教語大辞典』（中村元・著＝東京書籍）には、記載がなく、思案の末、思い起こしたのが「納《のう》経《きょう》」でした。

これはどちらにも出ています。

『広辞苑』には、

「①現在・未来の安穏《あんのん》や追善供養《ついぜんくよう》のため、経典を寺社に納めること。②巡礼の際、経典のかわりに米銭《べいせん》を納めること。納経帳に仏号《ぶつごう》・寺号《じごう》・印などを受ける」

『仏教語大辞典』では、

「追善供養のため、経文《きょうもん》を写して諸国の霊場に納めること。神社・仏寺に大蔵経《だいぞうきょう》を奉納することが平安時代から盛んとなり、『大般若経《だいはんにゃきょう》』や『法華経《ほけきょう》』の例が多く、江戸時代は全国六十余州の代表的な寺社に一部（注・一巻ずつ）の経典を納め、その受取《うけとり》をもらう風が盛んとなった。後に経典の携帯の不便から金銭を奉納してこれにかえ、仏号・月日・寺号を記入し、三《さん》宝《ぼう》（注・仏法僧《ぶっぽうそう》）印、寺印を受ける風習が起こった。集印帳《しゅういんちょう》はこれが変形したもの」

ですから、本来は飽《あ》くまで納経の証しで、往時は徒歩による長旅でしたから、身の負担を軽くするために、「納経札《ふだ》」や金銭の奉納に代えたのです。また名称も「納経帳」、あるいは「集印帳」であったり、さらに古くは「納経請《うけ》取《とり》状」の記述もあります。

こうしてみると、「御朱印帳」の呼称は、歴史的にはかなり新しく、大正時代末期から、昭和の初めだとする説もあります。

ともあれ、それは表紙部分に関わることであって、朱印の内に込められた「納経の意義」を、徒《あだ》や疎《おろそ》かにはできません。

御朱印の本来の意味に、思いをはせてみましょう。

要は、何のための御朱印か、にあります。

ご自身や家族の安穏のため、亡き人の追善のため――。その点は明瞭にしておきたいものです。

中には、〈趣味で集めて、なぜ悪い?〉、と反発する人がいるかもしれません。ただ私は、御朱印帳の本来は、「信心のあらわれであった」、といいたいだけなのです。

三宝の脇の挿絵《さしえ》を伏し拝み　（永）

伊藤若冲《じゃくちゅう》のドクロや、素朴な案山子《かかし》の絵入りも人気の的で、パンク状態だとか。それは良しとしても、礼拝など眼中におかず、我先に受付に殺到する、あの群がりようは、厳に慎《つつし》みたいものです。

②　七福神の由来

質問

正月になると、「七福神《しちふくじん》めぐり」の案内を目にします。どんな由来からですか？

（二〇一四年一月の質問）

―〈回答〉―

なぜ七福神か？　その命名については『仁王《にんのう》経《きょう》』（仁王護国波羅蜜経《にんのうごこくはらみつきょう》）に、有名な、「七難即滅《しちなんそくめつ》　七福即生《しちふくそくしょう》」の語句があり、これがその由来だといわれています。

七難は明白です。『観音経《かんのんぎょう》』（妙法蓮華《みょうほうれんげ》経《きょう》観世《かんぜ》音菩薩普門品《おんぼさつふもんぼん》）には、①火難《かなん》、②水難《すいなん》、③風難《ふうなん》、④刀杖難《とうじょうなん》（武器）、⑤悪鬼難《あっきなん》（邪悪な心）、⑥枷《か》鎖難《さなん》（責め道具・束縛《そくばく》）、⑦怨賊難《おんぞくなん》（人を害し金品《きんぴん》を奪う）が挙げられています。

では七福はどうかといいますと、残念ながら、仏教語類の辞典、『広辞苑』にも記述がありません。

また、この信仰がいつ、誰の手によったかも不明です。ただ、室町時代末期、芸能（特に狂《きょう》言《げん》）などの題材になっていたことは、判明しています。

その当時、七福神に仮装した人々が、市中を練《ね》り歩いたともいわれ、江戸時代には、さらに盛んになったようです。

最近、日本でもハロウィーン（キリスト教の諸《しょ》聖人《せいじん》を祝福する「万聖節《ばんせいせつ》」の前夜祭）が、頓《とみ》に流行《はや》り出しています。

これは、古くはケルト人の祝日だったものです。ケルト暦《れき》の大晦日《おおみそか》に、悪霊や魔術師に扮装《ふんそう》して行列し、翌年の運勢を占う、という催《もよお》しでした。

さらにそれ以前は、本当の悪霊や魔術師（手品師ではない）が信じられていたようです。どことなく、七福神信仰と似ている気もします。

余談はさておき、七福について、それを裏づける定かなことは、わかっていません。

敢《あ》えて一例を挙げるとすれば、天海僧正《てんかいそうじょう》が徳川家康《とくがわいえやす》の問いに応じて、七通りの意味を示したとされるものがあります。

それは、①寿命、②有福、③人望、④清廉《せいれん》（律儀）、⑤愛敬《あいきょう》、⑥威光《いこう》、⑦大量 でした。

いうまでもなく、これらは僧正の独創的な解釈です。国家の泰平《たいへい》、国民の安寧《あんねい》に資《し》するために、〝天下人〟はどうあるべきか。七福に、望ましい人のあり方、生き方が込められているように思えます。

ところで、民間信仰としての七福神の担《にな》う役割りとは、一体どんなものなのでしょう。

一、**大黒天**《だいこくてん》＝大きな耳が特徴。頭布《ずふ》をかぶり、袋を肩にして打出《うちで》の小槌《こづち》を持つ。蓮華または米俵《こめだわら》の上に立つ、福徳円満《ふくとくえんまん》の神。仏教に取り入れられたマハーカーラ神（摩《ま》訶迦羅《かから》）で、マハーは大いなること、カーラは黒を意味する。日本では大国主命《おおくにぬしのみこと》と同一視される（「大国」の音読み「だいこく」が「大黒」と対応するため）。

二、**毘沙門天**《びしゃもんてん》＝仏教では「多聞天《たもんてん》」ともいわれ、仏の国を守護する四天王《してんのう》の一人。武神《ぶじん》として、楠正成《くすのきまさしげ》や、足利尊氏《あしかがたかうじ》、上杉謙信《うえすぎけんしん》などの帰依《きえ》を受けたが、本来、インドでは財宝福利《ざいほうふくり》の神として尊ばれる。

三、**弁財**《べんざい》**（才）天**《てん》＝大黒天・毘沙門天と同様、もとはヒンドゥー教の神であった。仏教が興《おこ》ると、「仏の教えに従って、弁舌《べんぜつ》と福智《ふくち》によって人を教化《きょうけ》する存在」となる。七福神の中で、唯一の女性神で、芸術・音楽の守護神ともされる。才能と財宝をもたらす。

四、**布袋**《ほてい》＝歴史上の人物で、中国・明州《めいしゅう》の僧。四明山岳林寺《しみょうさんがくりんじ》に住《じゅう》した。体型は布袋腹《ばら》といわれるほどだが、気性《きしょう》も快活《かいかつ》で、物に動じない超然《ちょうぜん》とした大らかさが特徴的。

五、**恵比須**《えびす》＝日本神話に登場する伊弉諾《いざなぎ》・伊弉冊《いざなみ》の子で、蛭子命《ひるこのみこと》とされる。右手に釣竿《つりざお》、左手に鯛《たい》をかかえる姿で、豊漁《ほうりょう》、海上の交通・交易《こうえき》を司《つかさど》る。漁民《りょうみん》の守護神であったが、後に農業や商売繁盛《はんじょう》の神ともされた。

六、**寿老人**《じゅろうじん》＝中国には、不老長寿を説く道《どう》教《きょう》の神仙《しんせん》（神通力《じんづうりき》を得た仙人《せんにん》）信仰があった。千五百年も生きた鹿を連《つ》れ、智恵と長寿を与える。

七、福禄寿《ふくろくじゅ》＝頭が異常に長く、白鶴を従えている。幸運と長寿を与える福神とされる。寿老人と同一の神という説もあり、このため、どちらかを、吉祥天《きちじょうてん》（福徳円満を授けるインド神話の女神で、仏教の護法《ごほう》神となり、毘沙門天の妃《きさき》になったと伝えられる）と代えたこともある。

七福神

これら七福神のもたらす功徳《くどく》は、ヨダレの出るような有難尽《ありがたづく》しで、まさに〝縁起物《えんぎもの》〟の象徴といえるでしょう。宝船《たからぶね》にも描かれ、枕の下に入れて初夢《はつゆめ》に見ると、幸福が舞い込むとか――。

しかし、天海僧正の指摘は、至極、もっともなことです。つまり、〝福〟とは外から入れ込むものではなく、心の内から湧《わ》き立たせるものだと思うからです。

狭《せま》い料簡《りょうけん》の門戸では、さすがの福の神も、入りづらいことでしょう。

せびられて初日《はつひ》は重い腰を上げ　（氷）

③ 護摩供養とは

質問

いろいろな祈願を木札《きふだ》に書いて、火の中に焼《く》べる、「護摩《ごま》供養《くよう》」とは何ですか？

（二〇一三年六月の質問）

―― 〈回答〉 ――

護摩の「護」の字は「まもる」ですが、「守」よりも、どことなく仏教の教えを暗示させます。では、「摩を護る」とは一体、何でしょう。

ごまかされてはいけません。仏教語には時折り、もとの言葉を漢字に音写《おんしゃ》したものが出てきます。護摩も、サンスクリット語の homa（ホーマ＝焚《た》く）に由来します。

ですから、「護摩を焚く」といった場合、言葉本来からすれば、重複しています。その意味するところは、

「火中に供物《くもつ》を投げ入れ、これを焼いて本尊に供養すること」

です。

とかく、願い事を書いた、護摩木《ごまぎ》にばかり目が向きがちですが、五種の穀物《こくもつ》や各種の香《こう》など、仏の供物にふさわしい品々が用いられます。

仏教もそうですが、他の宗教を見ても、水と関わった儀礼が見られます。洗礼とか、ガンジ

護摩供養

ス河で身を浄めるとか――。

火もまた、ある種の霊力があると信じられてきました。護摩供養は、火を使った祈祷《きとう》の一種で、護摩法ともいい、これを行う宗派としては、真言宗系が代表格です。

護摩法としては、三種ないし四種類が示されています。一、息災《そくさい》法　二、増益《ぞうやく》法　三、調《ちょう》（降《ごう》）伏《ぶく》法。これに敬愛《けいあい》法が加えられて四法です。

つまり、何を目的として祈祷をするのか、護摩を焚くのか。祈りの対象、内容は人によってさまざまでしょう。それを四項目に集約しています。五種を説くこともあります。

この四法を一般的な目を通して見ることにします。

一の息災は、災《わざわ》いを除くことで、家族の安《あん》

泰《たい》、交通や風水害からの安全、火防や盗難除《よ》けなどです。

盗難除けで、こんな話があります。お札をいただき、扉に貼《は》ったままではよかったのですが、カギを掛け忘れ、まんまと泥棒に入られた……。

二の増益は、商売が繁盛《はんじょう》しますように。宝クジが当たって億万長者に。合コンは駄目だったけれど、良縁に恵まれますように……といった、幸福とか好運です。

三の調伏・降伏。これは現代では少なかろうと思います。

遠く奈良・平安の時代などでは怨霊《おんりょう》退治。鎌倉時代では蒙古《もうこ》襲来による神風。時代劇などでは、憎い相手が死病を患《わずら》うようにといった、おどろおどろしい場面が出てきます。

四の敬愛は、人気とか、贔屓《ひいき》などが頭に浮かぶでしょう。特に役者さんなどには、ありがちな発想かも知れません。

こうして見ると、一般的庶民感情としては、一や二はかなり身近で、わからないことではありません。

しかし、仏教による護摩法とは、もっと深遠な立場に立ったものなのです。本来の意味は、「智慧の火によって煩悩《ぼんのう》の薪《たきぎ》を焼く」ことをいいます。

たとえば、息災です。災いを息《や》めるとは、一切の妄念《もうねん》（迷いの心や執念）を断ち切ろうとする行為で、それが一念発起《いちねんほっき》された時、仏の心に通じて加護が得られる――という教えに基づいています。

そのためには、智慧の火が必要です。煩悩の薪を焼き尽くすことによって、自分自身、あるいは物事の真の姿、あり様、性質などが見極められる。増益は智慧が増し、敬愛は、祈祷を通じて自我を離れ、敬いが生じます。

ところで、最近(本稿執筆時)の新聞や雑誌で知ったことですが、ある野球選手が、真言宗僧侶の方の指導のもとに、精神鍛錬《たんれん》を目的として、自分自身が護摩供養を実修した、といいます。

何事にもスランプはつきもので、不調・不振に陥《おちい》ることは、誰にもあることでしょう。その見えざる「壁」を打ち破るエネルギー、それが護摩供養の意義にはあるようです。

言葉を変えれば、護摩供養によって、自分が自分を超えさせる、生きながらにして生まれ変わるということでしょうか。

ですから、自分を置き忘れ、外からの〝超能力〟だけに頼りきるのは、仏教の説くところではありません。仏に対する信仰心、精進《しょうじん》と忍耐。それらによって、セルフコントロールされ、自分では思いがけない力を現す。これが仏教の立場です。

まことなきおのが心をあらためて
祈ればまことあらわれぞする

④ なぜ「般若」が鬼女の面なのか

質問

仏教語の「般若《はんにゃ》」が、どうして、恐ろしい鬼女《きじょ》の面の名となったのか、首を傾《かし》げます。なぜなのでしょう？

（二〇一三年十二月の質問）

――〈回答〉――

「般若」は、悟りを開くハタラキとしての「智慧《ちえ》」を意味します。真理、あるいは正・邪の本質を認識するという点で、単なる知恵、物知りとか世渡り上手とは区別されます。

その智慧は「慈悲」に、慈悲は智慧に裏打ちされてこそ成り立つ、というのが仏教の立場です。

それなのに、あの凄《すさ》まじい形相《ぎょうそう》の鬼女の面を、どうして般若とよぶのか。なるほど。今まで疑問ともせず、素通りしてきた課題でした。

そこで手持ちの書物を当たってみたのですが、般若の面については、どの本も簡潔に述べるにとどまっています。たとえば――。

「能面《のうめん》の一つ。二本の角をもち、形相恐ろしい怨霊《おんりょう》の女面」

「一説によると、奈良の般若坊という面打ちが作りはじめたということで、鬼女の面が般若とよばれるようになったという」

「面打ち般若坊の始めた型の鬼女の面。角があり、妬《ねた》みや苦しみ、怒りをたたえる」

などとされ、結局、能面を製作した般若坊その人の名が、その名の由来となりそうです。

となると、仏教語と関わりなく、般若の面は、〈たまたま、そういう名の人がいたということです〉で、話は〝一件落着〟しそうです。

ところが、〈豈図《あにはか》らんや〉とは、まさにこのことです。一冊の本を探し当てました。『鬼の研究』（馬場あき子＝三一書房）です。

まず注目したのは、「〈般若〉とは〈半蛇《はんじゃ》〉であるという説がある」という一節でした。その蛇については、こう記されています。

「ことに説話時代以降、女性の邪悪や嫉妬・邪淫《じゃいん》の思いなどが凝《こご》って凶暴な蛇体《じゃたい》となることが考えられ」たとした上で、能の「道成寺《どうじょうじ》」を例としています。

「男の背信《はいしん》を責め怒る気持ちと恋慕《れんぼ》の激しさから、情炎をもって吊鐘《つりがね》のなかの男を焼き殺したと伝えられる。〈本成《ほんなり》〉とはそうした〈蛇〉の極致《きょくち》にいたった状態」で、「中成《ちゅうなり》」と「生《なま》成《なり》」もあるそうです。

中成とは本成にまでは至らず、途中において得脱《とくだつ》する。つまり生死《しょうじ》の苦しみや煩悩《ぼんのう》を断じて、菩提《ぼだい》（真理を明らかに知って得られる平安な境地）に導かれていく。

こうしたプロセスにより、半蛇を般若とする説が生まれたようです。般若の面そのものは、変化しようもありませんが、心の変遷《へんせん》という観点から、もう一度、その容貌《ようぼう》に接してみるのも、一興かと思います。

著者は、このようにもいっています。

「『般若心経』の〈般若〉、すなわち〈悟りの智慧〉としての意味を、そのまま般若の面にみることに、ひとつの啓示《けいじ》にも似た意義を感じるのである」

能・謡曲《ようきょく》は、ともに仏教の強い影響を受けた古典芸術ですが、般若の鬼面と、そこに込められた般若の思想という意味では、さらに古い仏典が思い出されます。

それが鬼子母《きしも》に関するお経です。よく、

「外面似菩薩《げめんじぼさつ》　内心如夜叉《ないしんにょやしゃ》」

といわれますが、仏教に入ってきた鬼女は、ほとんどが美人だと聞かされたことがあります。外側からは、決して取り繕《つくろ》った風情《ふぜい》とは見えず、むしろ観音様やお地蔵様の面立ちに似て、柔和《にゅうわ》な美しさをたたえているというのです。

問題は、その心の内奥にあるわけで、それが鬼の巣窟のようだ、というのです。

夜叉《やしゃ》（yakṣa《ヤクシャ》）というのは、実は男性の鬼で、女性の夜叉は、夜叉女《やしゃにょ》（yakṣinī《ヤクシニー》）といいます。男の鬼は、とても恐ろしい顔をしています。外面は「如夜叉」。秋田県男鹿《おが》半島に伝わる「ナマハゲ」を思い起こして下さい。

鬼子母（hārītī《ハーリティー》）は、訶梨帝母《かりていも》とも音訳されますが、鬼の一族に生まれ、夜叉（鬼）の妻となり、五百人（あるいは千人）の鬼の子を産み育てる、という母であったわけです。

人間の幼児をさらっては、沢山の子に食べさせ養っていたのですが、人々の苦衷《くちゅう》を聞き届けた釈尊は、そこで奇策《きさく》を用います。鬼子母の一子を隠すのです。

〈五百人もの中の、たった一人を失っても、嘆きは計り知れない。そのおまえに子を奪われた、母の胸中はいかばかりか〉

鬼子母神

〈ましてや、自分の子どもがいなくなった時、おまえは一体、何をしていたのだ!〉

(炎天下の車中に子どもを置き去りにして、パチンコに興じていた親もいましたが……)

釈尊の説かれた戒《いまし》めに、鬼子母は自分の犯した前非《ぜんぴ》を悔《く》い、仏教に帰依《きえ》し、やがて安産と乳幼児の守護神となり、「鬼子母神」とよばれるようになります。

この説話を、昔ならば、聞いた人も多いでしょう。

般若の面と、仏教の説く般若(六波羅蜜《ろくはらみつ》の「智慧」)——。それと鬼子母神の話は、直接に結びつくものではありません。

しかし、仏の智慧に触れることによって、人も、鬼でさえも、その生き方が瑞々《みずみず》しく変わるのだ、という点では、共通した趣《おもむき》を感じます。

⑤「脚下照顧」とは

質問

禅寺《ぜんでら》の玄関《げんかん》や床《とこ》の間《ま》で、「脚下照顧《きゃっかしょうこ》」の文言《もんごん》を見掛けます。この禅語《ぜんご》の意味は何ですか？

（二〇一四年四月の質問）

――〈回答〉――

先日、書架《しょか》を片づけていた折《お》り、何気《なにげ》なく目にとまったのが、『ゼロからはじめる幸福論／60年代の青春』（『文藝春秋スペシャル』二〇一〇季刊秋号）でした。

「青春」話をするつもりはありません。その中に、「幸福の名文」と題した、竹内政明氏の一文があって、あるテレビドラマのセリフが、紹介されていました。

父と娘の会話です。

佐和子「お父さんは、幸せなの？」

英　三「……そんなこと判《わか》らないさ」

佐和子「どうして判らないの」

英　三「そりゃア、……胃袋に、おいしいかと聞くようなもんだ」

そこで、竹内氏はいいます。

「胃袋に味覚はない。味覚は舌にある。幸福を味わう舌を、神様は人間に授けてくださらなかったらしい。（略）『幸福とは何か』という問いに人が頭を悩ませつづけてきたのは、舌なき身の宿命に違いない」

この、「胃袋」にない「味覚」と、「幸福を味わう舌」とは一体、何を暗示しているのか。とても興味をそそられました。

一時期、ある宗教団体がさかんに用いた、いわばキャッチセールスの殺し文句も、〈あなたは今、幸福ですか?〉というものでした。

幸福の青い鳥をさがしに、旅に出たチルチルとミチルは、どうだったでしょうか。

こうしたことを考えていると、「脚下照顧」という教えが、フト脳裡《のうり》に浮かび上がってきました。

「脚下照顧」は、「看脚下《かんきゃっか》」ともいいます。〈足もとをよく見なさい〉。これは禅の、日常的修行生活への呼びかけですが、人はみな人生の修行者です。そうして見ると、僧俗を問わず、なかなか含蓄《がんちく》（深い意味を内に蔵《ぞう》する）に富む言葉だということに気づかされます。

その意味するところを、「幸福」を「仏」に置きかえて、探《さぐ》ってみることにしましょう。

中国禅の中で、「法眼宗《ほうげんしゅう》」の始祖《しそ》と仰《あお》がれた高僧が、法眼文益禅師《ほうげんもんえきぜんじ》です。この方と慧超《えちょう》という修行僧の、有名な問答があります。

「如何《いか》なるか是《こ》れ仏」。すると師は間髪《かんはつ》容《い》れず、「汝《なんじ》は是れ慧超」。

慧超という禅僧は、後に法眼禅師の仏法を受け継ぐほどの人。この短い遣《や》り取りの中にも、奥義《おくぎ》が秘められていてのことでしょう。

しかし私たちが、身近な問題として学ぶとすれば、私と仏、私と幸福との関係です。それは相対《あいたい》するものではなく、私という存在、そのものの中に内包している――。

追い求めるもの、それは「汝が脚下にあり」というのが禅の立場です。

今春早々、全国的に大雪に見舞われ、事故・トラブルが続出しました。ハンドル捌《さば》き、ブレーキ操作、歩道を歩くにも要注意。ですから、身の熟《こな》し方、心配りが大切です。

脇目《わきめ》も振らず、専心《せんしん》そのことに務《つと》めるのも脚下照顧ですが、見方を変えると、人は何かにとらわれがちです。そうなると、自分自身を顧《かえり》みる余裕が見失われてしまいますから、案配《あんばい》がむずかしい。

「おのれという正体とは何か」、これも、脚下照顧が示すところです。

些細《ささい》な出来事ですが、私が為出《しで》かした、卑近《ひきん》な例を供《きょう》したいと思います。

私は永年、遠近両用メガネをかけています。いわば人馬一体《じんばいったい》の仲なのです。

ある時、目にホコリが入って、あわててハンカチで拭《ふ》いたのですが、それは肉眼《にくがん》をではなく、眼鏡の表面……。人に見られたら、とんだ笑いのタネになっていたことでしょう。

ホコリにばかり気が向いて、自分の置かれた状況が、「目に入っていなかった」のです。

老眼や探すメガネは鼻の上（永）

恥の上塗りついでに、もう一つ。メロンを口にしようとして、ハッとしました。マスクをしたままだったのです。どんなメロンか、おわかりでしょう。いわずと知れたマスクメロンでした。こんなお粗末《そまつ》ぶりもありました。

無我《むが》は仏教の眼目《がんもく》ですが、無我夢中になると、迷路にはまってしまいます。幼児が、時折り迷子になるのも、これに似ています。興味がそそると、親の存在など眼中にないのです。大人がそれでは、困ります。

臨済宗中興《りんざいしゅうちゅうこう》の祖であり、禅の大衆化をすすめた、白隠《はくいん》（慧鶴《えかく》）禅師は、『坐禅和讃《ざぜんわさん》』の中で、次のように示されています。

「衆生《しゅじょう》本来仏《ほとけ》なり／水と氷の如くにて／水を離れて氷なく／衆生の外《ほか》に仏なし／衆生近きを知らずして／遠く求むるはかなさよ／譬《たと》えば水の中に居《い》て／渇《かつ》を叫ぶが如くなり」

世間でも、「自分さがし」といいますが、遠くに眼《まなこ》をそそいでも、出会えるはずはありません。そして脚下照顧とは、つまりは、「自分の中の仏さがし」、でもあります。

⑥ わかりやすい禅問答はあるか

質　問

「禅《ぜん》問《もん》答《どう》」は、とにかく難解で、一般人にはわかりにくいです。一般の人に示《し》唆《さ》を与えるものはありませんか？

（二〇一三年八月の質問）

――〈回答〉――

仏教情報センターの活動の一環、「仏教テレフォン相談」も、質問者と相談員の、いわば電話を通じた問答です。

私の寺にも、さまざまな疑問や悩みをかかえて、訪ねて来る人がいます。時として、恋愛やそのお相手のことが話題であったりします。

恋愛問題は専門外ですと前置きはしますが、「人生論」という観点に立てば、仏教者として、門外漢《もんがいかん》を決め込み、避けて通るわけにもいきません。とにかく耳を傾けます。こうした対話もまた、問答といえるでしょう。

しかし禅問答となると、一般的価値観とは一味、二味というより、まったく異質な趣《おもむ》きがあります。それは何よりも、坐禅を通しての人生観、世界観が語られるからです。

坐禅は歴史的な流れから見ると、心を鎮《しず》めて安定を保ち、ものごとの真の姿やあり方を深く考える、宗教的な「行《ぎょう》」でした。「静慮《じょうりょ》」とも訳されているように、一方に片寄ったり、散乱していては、正しく思い量《はか》ることは出来ません。こうした要素を中心の柱として、禅は中国に打ち立てられ、禅宗として発展しました。

その特徴は、私という存在が本来有《ゆう》している、「仏性《ぶっしょう》」（仏としての本性・仏心《ぶっしん》）を体得する、唯一の方法としての坐禅。それが徹底して強調されている点でしょう。

しかし、自分の目で自分を見ることは出来ません。その姿を知るには、どうしても鏡が必要となります。それに似て、体得した自己の力量を見定めるにも、バロメーター（物事の状態、程度を知るための目安となるもの。指標。〈『広辞苑』〉）は欠かせません。

坐禅修行において、「参師聞法《さんしもんぼう》」（師について仏法を聞く）が重視される所以《ゆえん》は、ここにあります。禅問答の第一義は、その師との遣《や》り取りですが、修行の仲間内とも交わされます。

禅問答は、確かに難解です。それは、言語の用い方や表現が、なんとも奇抜で、飛躍に富んでいるからでしょう。知的理解で追い求めても、ウナギのように擦《す》り抜けてしまうし、鳥のように飛び立ってしまう。これは私自身の実感です。

それから、いいっ放しのような面もありま

す。クイズ番組ならばヒントを与え、答えに休《きゅう》したならば、後で正解を教える、といったサービス精神にも乏しい……。

そうも思いながら、待てよ、とも思います。印刷物などで、明記を避けるために、その箇所《かしょ》を空白にしたり、黒く塗り潰《つぶ》すことがあります。

これを伏せ字といいます。言葉をかえれば余白です。

そこの所を、宛行扶持《あてがいぶち》で書き込まれれば、知ることとは出来るでしょうが、わかったことにはなりません。体得すること。これが、禅にとっては最重要なのです。

つまり禅問答の、要点をとらえた端的さは、伏せ字と余白があるからだと思えばいいのではないか、と思うのです。その部分は、自問自答するための空欄——。そう思えば、渋面などしていられません。

禅問答は、何も修行道場内だけの遣り取りではありません。秋月龍珉《あきづきりょうみん》師『禅問答』（潮文社・刊）の「まえがき」に、こんな一文があります。

盤山《ばんざん》和尚は町を歩いていて、一人の客が猪《いのしし》の肉を買うのを見た。客が肉屋に、「ごくよいところを一斤《いっきん》切ってくれ」というと、肉屋は（略）みえをきっていった、「だんな、どこによくない肉があるというんですかい」盤山は言下《ごんか》にはっと気がついた。どこに仏でない者があるか。みんな仏だ。

盤山和尚は、世間の会話を通し、仏法の大意を聞きとめたということでしょう。

禅僧の道中談義にも、得がたい禅問答を垣間《かいま》見ることが出来ます。

原坦山《はらたんざん》という方は、江戸から明治期を生きた曹洞宗の名僧です。

師の若かりし頃、仲間と旅の途中に、とある岸に到って、ハタと顔を見合わせました。なんと増水のためか橋がないのです。仕方なく裾《すそ》をまくって渡ろうとする時、同じ岸辺で、一人の娘が立ち往生しています。友人はお構いなく渡ってしまった。しかし坦山は見るに見かねて抱きかかえ、川を渡してやります。

仲間の僧は、「出家の身でありながら女人を抱くとは……」と詰《な》じります。すると、坦山和尚、「女？　さては貴公、ずっと今まで女を抱いていたのか。ワシはあの時、すでに下ろして来たのだが」。

禅の修行は、峻厳《しゅんげん》を極めるものですが、意表を突くことはあっても、独善にとらわれぬよう、諌《いさ》めています。おのれを忘れて、しかもおのれを捨てず、です。そうした親しみ深さが発《はっ》露《ろ》した、禅問答も数多くあります。

⑦ 縁起物のダルマの由来

質問

達磨《だるま》大師《だいし》は、禅宗《ぜんしゅう》の祖師《そし》ですが、縁起物《えんぎもの》のダルマさんになった由来《ゆらい》は何ですか。

（二〇一三年十一月の質問）

―― 〈回答〉 ――

縁起物としての由来、とのことですから、祖師の行跡《ぎょうせき》は、後の機会にゆずります。

昔から、〈ダルマさんダルマさんにらめっこしましょ、わらうとまけよアップップ〉と声をかけ合い、笑いをこらえる遊びがありました。

鬼ごっこにも、鬼ならぬダルマさんが出てきます。〈ダルマさんがころんだ〉、これで十音。その間に、鬼から遠くへ逃げる、というゲームでした。

玩具《がんぐ》にも、倒してもすぐに起き上がる張子《はりこ》の人形や、円型の積み木を重ねたような、ダルマ落とし、という遊びもありました。

こうした遊びやおもちゃを通じて、本当のダルマさんは、一体どんな人なんだろうと、子ども心にも、漠然《ばくぜん》と思ったものでした。

それは、あるいは、威厳《いげん》と不屈《ふくつ》の精神が漲《みなぎ》る達磨大師の絵像や、木像からのイメージによるものだったのかも知れません。しかし、そんな思いは束《つか》の間《ま》のこと。新幹線の車中から、外の景色を見るようなものでした。

たとえていえば、良寛和尚《りょうかんおしょう》のような存在です。当時の子どもたちの目には、一緒に手マリをつく、身近な親しい遊び相手にしか、映らなかったことでしょう。

その人がまさか、『正法眼蔵《しょうぼうげんぞう》』（道元禅師《どうげんぜんじ》の著作。仏法の真髄《しんずい》を和文で説示した書籍）を繙《ひもと》き、感涙に咽《むせ》ぶほどの、修行を重ねた高僧だとは、露《つゆ》ばかり思わなかったはずです。けれども、その風貌《ふうぼう》の奥に潜《ひそ》む凛《りん》とした佇《たたず》みは、どこからとなく伝わっていたかも知れません。

さて、玩具や遊びと、禅僧の関係はこれくらいにして、縁起物としてのダルマさんに触れてみます。縁起物とは、吉事《きちじ》を祈り祝うための品《しな》で、各地での「だるま市《いち》」も、地方色や由来によって、形や色に、さまざまな工夫を凝《こ》らしています。

その中でも、依然《いぜん》としてポピュラーなのは、赤色の張子で作られたダルマさんでしょう。学生だった頃、私はこの色について、知識が乏しかったようです。

禅宗（曹洞宗《そうとうしゅう》）では、大和尚の資格を得ると、「緋衣《ひえ》」（濃く明るい赤色の袈裟・法衣）の着用が許されます。そこからだけ推測していたのです。

ところが、一口に「赤」といっても、真っ赤《まか》といえば、「まるっきり」。赤心《せきしん》といえば、「偽《いつわ》りのない心」。赤身《せきしん》となると「丸裸」というように、赤のつく熟語も、まさに色々です。

ダルマさんが、赤色を基調としているのは、古代からの考え方で、人間のいのちを保《たも》つのは血であり、生活を支えるのが火であった。どうもその辺に落ち着くようです。血達磨《ちだるま》・火達磨《ひだるま》はいただけませんが……。

また「丹《たん》」（に）といえば、赤色の鉱石《こうせき》、赤い土をあらわしますが、注目したいのは、精製した薬、不老不死の薬の意味があることです。

なるほど、〈だから氏姓《しせい》にも、漢方薬にも丹が多いのか〉、と「ためして合点《がってん》」（ちなみにNHKの番組名です）したものでした。

そして、衣食ともに赤色を用いることは、祝儀《しゅうぎ》に通じ（赤飯・還暦《かんれき》の赤羽織《あかばおり》など）、丹は水銀と硫黄《いおう》の化合《かごう》した鉱石ですから、これを粉砕《ふんさい》して、神社・仏閣の建造物にも用いて、腐食《ふしょく》を防いだのです。

つまり、手足さえ萎《な》えたであろう「面壁九《めんぺきく》年《ねん》」の禅修行——。それを凌《しの》ぐ不屈の精神と超人的な力に肖《あやか》ろうとする思いと、さまざまな病気や災難を払うと信じられた、風習が織《お》り為《な》した産物だと理解されます。

古川柳《こせんりゅう》には、

　軽いのは達磨のやうに抱いて出る

とあり、幼児にも、赤い衣類を着せたことが窺《うかが》えます。「ダルマのように」とは、何とも川柳らしい突飛《とっぴ》な表現ですが、疱瘡《ほうそう》（天然痘《てんねんとう》）や麻疹《ましん》（はしか）など、感染症の効能が託《たく》されていたようです。
これほどまでに、世に流布《るふ》されたダルマさんですが、本物の達磨大師への信仰は、とかく

「だるま市」の様子

疎《おろそ》かにされがちでした。民間信仰の「開運《かいうん》・厄除《やくよけ》」という、赤い張子のダルマさんが、一人歩きをしています。

その実在については諸説あって、人物像もさまざまに取り沙汰《ざた》されています。

古くから伝えられるのは、南天竺《てんじく》（天竺はインド）国の王子で、般若多羅尊者《はんにゃたらそんじゃ》の仏法を嗣《つ》いで中国へ渡り、嵩山《すうざん》・少林寺《しょうりんじ》で面壁九年の後、百五十歳とも、それ以上生きたともされます。

禅宗では「震旦《しんたん》（中国）初祖《しょそ》」、と崇《あが》められ、有名な問答や説示も残されていて、十月五日は達磨忌《き》です。

お正月の縁起物に衣《ころも》更《が》えさせられた達磨大師ですが、一方、禅匠としての偉大さは画像や木像にあらわされ、今なお民衆に教化《きょうけ》の日をそそいでいます。

⑧「女人救済」の教えと「女人禁制」の歴史

質問

「女人救済《にょにんきゅうさい》」を説く仏教に、「女人禁制《きんせい》」の歴史があったのは、なぜですか？

（二〇一四年八月の質問）

——〈回答〉——

ある時、僧侶の集まりがあって、挨拶《あいさつ》を頼まれました。その時、フト、小話《こばなし》を思いついたのです。

〈人には、その人なりのタイプというものがあります。また周《まわ》りも、ある種のパターンに押し当てて、あれこれ人柄を談じたりします。

血液型。これなどは今でも、特に女性の側《がわ》からよく聞かれます。

近頃では、肉食系・草食系といった新語があるようですが、今日お集まりの方々は、差詰め〝ソウショク系〟ということに

なりますね〉

会場は、しばし水を打ったかと思いきや、すぐに、細波《さざなみ》に似た笑いと、拍手につつまれました。そう、「僧職系」に気づいたのです。他愛《たあい》のないダジャレですが、話の筋は、「らしさ」。僧侶に求められるのは、当たり前のことですが、僧侶らしい振る舞いです。

らしさとは、どんな職種にも生き方にもいえることです。ところで、これが男・女となると、それぞれ「特性」というものが絡んできます。

いつ頃からか、男性の下着も、驚くほどカラフルになりました。〈男物（紳士物とはいいづらい）のブラジャーが売れている〉、と聞くに及んでは、呆《あき》れ返るやら、気色が悪くなるやら……。

昔はその点、明確でした。「お爺《じい》さんは山に柴刈《しばか》りに。お婆《ばあ》さんは川に洗濯に」。「父は照り母は涙の露《つゆ》となり　同じ恵みに育つ撫子《なでしこ》」、といった具合です。

〈だからといって、お爺さんが川に洗濯に行ってもいいでしょ？〉。それはそうです。「母は照り父は涙の露となり……」の時代ですから。

しかし、上《うわ》っ面《つら》の男女同権より、「男女同尊」のほうが望ましい――。

「男女平等」、「機会均等」はもちろんですが、おたがいの持つ「特性」にも、よくよく眼を向ける必要を感じます。

それでは、歴史的に見た場合の、仏教の女性観は、どうだったのでしょう。

私は以前、「仏教の流れの中での尼僧《にそう》の存在」として、およそのことについて触れていますから、併《あわ》せてご参照下さい〈拙著『あなたの疑問に答える　仏教なんでも相談室』〈大法輪閣刊〉２２２〜２２４ページ）。

初期の仏教教団は、世にいう「男世帯《せたい》」でした。そのため、修行内容や方向性なども、それに因《よ》ったものでした。だからといって、釈尊の教え自体は、根本的に、女性を軽視したものではありません。

「人は生まれによって貴賤《きせん》はなく、要は生き方による」と示され、貧富も地位も然《しか》り。まして や性別など論外、とするのが仏教の立場でした。

けれども、世界の他宗教社会を見ても、女性の立場は、共通して、低いものとされてきたのも事実です。

男性の修行者よりも、女性修行者のほうが、多く妨《さまた》げになる要素を持っている、という認識は、差こそあれ、どの宗教にも纏《まと》わりついていたのです。

仏教は、その面で、「変成男子《へんじょうなんし》」（女性が男性に生まれ変わること）説を用いました。ただしそれは、女性には五つの障《さわ》り（五障《ごしょう》）があり、成仏・往生《おうじょう》できない、とする思想に対しての救済策。いわば方便《ほうべん》（人々を真理に導くために、仮《かり》に設《もう》けた教え）だった、といえるでしょう。

日本の社会においても、平安時代を通じ、「触穢《しょくえ》」という観念が横行《おうこう》していました。死体や葬儀ばかりでなく、出産・月経《げっけい》といったものも、血の穢《けが》れと見たのです。

また、修行においては、欲情は苦の原因となり、さとりに至る妨げともなります。そして欲情の最たるものは、異性への執着、交渉によることに他なりません。そのため、「女人禁制」を課したものと思われます。

特定の寺院・霊場《れいじょう》では、永くこの制度を守り、女性の入山《にゅうざん》を許しませんでした。「葷酒《くんしゅ》（ネギ・ニラなど強い臭気《しゅうき》の野菜と酒）山門に入るを許さず」だけではなかったのです。

この女人禁制に対して、鎌倉期の仏教界からは、批判と否定の声が挙がりました。中でも、曹洞宗《そうとうしゅう》を開いた道元禅師《どうげんぜんじ》は、

「得法《とくほう》（さとり）を敬重《けいちょう》（うやまい重んじる）すべし、男女を論ずることなかれ」

と喝破《かっぱ》しています。そして、

「日本国にひとつのわらひ《（笑）》ごとあり。（略）比丘尼《びくに》・女人を来入《らいにゅう》せしめず、邪風《じゃふう》ひさしくつたは《（伝）》れて、人わきまふ《（え）》ることなし」

とも評しています。

話を、一挙に現代にもどします。

生涯捕手《ほしゅ》黙って受ける妻の席　（定本イッ子）

なるほど……。黙ってはいても、キャッチャーはサインを出して、しっかり投手をリードしています。

死んだ風《ふり》しても通じぬ熊と妻　（氷）

この句には、私の妻の一面を込めています。その直観力、芯の強さは、もろいようでいて、なかなか手強《てごわ》い……。

女性が、自らの特性を発揮するならば、これも女性自らの「女人救済」といえるでしょう。

⑨ 読経の功徳とは

質問

老後の日課として、毎朝、お経を唱えています。ところで、読経《どきょう》に功《く》徳《どく》はありますか？

（二〇一七年五月の質問）

―― 〈回答〉 ――

これが達磨大師《だるまだいし》なら、〈無功徳《むくどく》！〉、の一喝《いっかつ》で話が終わるかも知れません。

それはそれとして、毎朝お経を唱える思いに至ったのは、心に期すべき何かが見えたからだ、と思います。とすると、功徳の第一歩は、すでに標《しる》されている、といえます。

お経の意味やおぼえ方、唱え方については、私は、以前にも述べたことがあります（拙著『あなたの疑問に答える　仏教なんでも相談室』〈大法輪閣刊〉163～165ページ参照）。

そこで、ここでは「功徳」にしぼってお話しします。

仏典では、仏という存在を、あらゆる苦や禍《わざわい》、煩《わずら》いをいやす良医にたとえています。釈尊を「大医王《だいいおう》」と称するゆえんです。

そして、その教え（法・経）は、まさに慈悲と智慧の良薬であり、処方箋《しょほうせん》に従って服用（信《しん》受《じゅ》）すれば、効能（功徳）がもたらされる。これが仏教の示すところです。

さて、読経の功徳について、具体的に述べている書物があります。臨済宗《りんざいしゅう》中興《ちゅうこう》の祖・白《はく》隠禅師《いんぜんじ》の高弟、東嶺円慈《とうれいえんじ》（一七二一～一七九二年）という方の、『看経論《かんきんろん》』です。

この中に、読経の功徳として、八項目が挙げられています。はじめの四つは、自分自身が受ける功徳。わかりやすく述べますと——

一、読経の声が心にしみこみ、心を正しくする。

二、善神の守護を受け、悪鬼は恐れて近づかなくなるので、災《わざわ》いを除く。

三、読経の声が身体に満ち、気血《きけつ》（生気と血液）のめぐりがよくなるので、病を除く。

四、運命が日々に改まり、大道《だいどう》（人の踏み行うべき根本の道徳）に従って生きるようになるので、心願がかなう。

次は、他人が受ける功徳です。

一、仏教の守護神が力を得て、勢力を増長させるので、諸天を歓《よろこ》ばせる。

二、悪業《あくごう》を消して、菩提心《ぼだいしん》を起こさせるので、迷える者を救う。

三、悪念を捨てさせ、信心を育てるので、読経を見聞きしている者を益《えき》する。
四、音声《おんじょう》の及ぶところ、あまねく仏法と縁《えん》を結ばせるので、人間以外の者を利《り》する。

仏教においては、読経も、大切な仏道修行の一環なのです。修行と聞くと、何やら肉体的、精神的苦行がイメージされがちですが、読経は、試練というより、修養《しゅうよう》のニュアンスに近いものです。

その意味では、日常生活の中でも身近に出来、また簡便《かんべん》な方法といえそうです。といって、物事すべてがそうであるように、玄関口だけで、用が足りるものでもありません。

廊下を渡り奥座敷《おくざしき》に及んで、はじめて、その家のたたずまいがわかるのと同様、やはり奥深さはついて回ります。

それもあってか、東嶺和尚も「三昧《ざんまい》」ということを指摘しています。

仏教語の三昧とは、samādhi（サマーディ）の音写で、心が静かに統一され、安らかになっている状態。「禅定《ぜんじょう》」と同義語で、いわば瞑想と同じ宗教的な境地です。

一般的にも、読書三昧、ゴルフ三昧などといっています。つまり、「一意専心《いちいせんしん》」（心を一つのことに集中し、他に向けない）になることで、読経もそうあるべきでしょう。

かといって、雑念を払うのは結構なことですが、気負いばかりが先に立つと、元の木阿弥《もくあみ》。肝腎《かんじん》な三昧からは、遠ざかってしまいます。

たとえば、リラックスすることが、どれほど必要かは、野球や相撲の緊迫《きんぱく》した場面を観戦していて、強く感じられるところです。

華厳宗《けごんしゅう》中興の祖・明恵上人《みょうえしょうにん》（一一七三〜一二三二年）は、

「凡《およ》そ仏道修行には何の具足《ぐそく》（道具立て、はからい）もいらぬなり。松風に睡《ねむり》をさまし、朗月《ろうげつ》（あかるく澄みわたった月）を友として究《きわ》め来《きた》り究め去るより外《ほか》の事なし」

と述べています。

ただ淡々と、しかもひたすらに行ずる中に、極意とか功徳というものは秘められている、と思います（思うだけで、しかし、このバランス、塩《あん》梅《ばい》ということが、現実にはかなり難しい）。

ところでこのところ（本稿執筆時）、森友学園の一件が、耳目を集めています。国有地の払下げ、私立小学校開設にまつわる疑惑、が取り沙汰される中、園児に、『教育勅語《ちょくご》』を諳誦させることの是非も、論じられています。

しかし問題は、園児に与える教材の適不適《てきふてき》であろうと思います。「素読《そどく》」という学習法そのものは、かなり効果がある。この点は、教育に携わる識者のほとんどが認めています。

声を出して読むことは、目だけでなく耳でも聞くわけで、頭脳の働きを活性化させるもとにもなります。読経も然《しか》り、これも功徳の一つかと思います。

経読みの耳に仏の穏やかさ　（永）

⑩「晋山式」について

質問

お寺から「晋山式《しんさんしき》」の案内状が届きました。住職になる式だそうですが、すでに住職なのに不思議です。

（二〇一七年五月の質問）

――〈回答〉――

晋山式と、本質的にはまったく異なりますが、話をわかりやすくするために、歌舞伎《かぶき》の世界に触れてみることにします。

歌舞伎に限りませんが、伝統芸能の中には、先代の名跡《みょうせき》を継《つ》ぐという、大きな興行《こうぎょう》があります。先代が亡くなったという事情もあれば、存命《ぞんめい》中、後進《こうしん》に道を開くために、いわば勇退するケースもあります。

そして、襲名披露《しゅうめいひろう》に欠かせないのが「口上《こうじょう》」です。観客を前に、この日ばかりは一門の重《じゅう》鎮《ちん》が横一列。その中央に座して、感謝と自己の精進《しょうじん》を朗々と宣言するのです。そのために、特に一幕設《もう》けているほど、重要視しています。

その辺《あた》りが、後に述べる晋山式の内容に、やや相似《そうじ》しているように、私には見えるのです。仏教が諸文化に影響を及ぼしてきた一環《いっかん》かな、とも思えます。

余談ですが、時として「看板」を汚すような振舞いに及ぶ役者も、時としていなかったわけではありません。

こうなると、たとえ私的な場所での出来事でも、折角の襲名も、名跡と人物が一致せず、品《ひん》良く言えば格好のゴシップ記事。悪く言えば、郭公《かっこう》ではなく、鴨《かも》にされ、ネギを背負《しょ》ったまま、週刊誌の囲《かこ》いに追い込まれかねません。

さて、外堀《そとぼり》の話はこれくらいにして、いよいよ本丸に入ります。

晋山式そのものは、お寺における祝い事で、「新任された住職の就任と披露の式」です。

宗派によっては〝シンザンシキ〟と発音させることもあります。また「入寺《にゅうじ》式」・「入院式」、「継承法要《けいしょうほうよう》」などの用語も見られますが、主旨は同じです。

論文に「総論」と「各論」があるように、総論（主旨）は共通していますが、各論の部分では、それぞれの宗派の特色が垣間見《かいまみ》られます。

昔は、法会《ほうえ》や祭事《さいじ》に際し、諸役の担当者を指名し、通達した文書を「差文《さしふみ》」といいました。儀式の次第順序・役割りなどを、私たちの宗門では「差定《さじょう》」といっています。

各宗派の、その差定をざっとみたところ、法要の次第は十五項目から二十項目に及びます。紙幅《しふく》からして儀式の説明は不可能ですから、逐《ちく》一《いち》については、当日足を運んで、実地を拝見していただくほかありません。そこでは「法要解説」役の僧侶が、その都度、儀式の内容を、説明してくれるはずです。

また、この法要の合間には、釈尊はじめ祖師方《そしがた》の教え、その寺の歴史や歴代・先代住職の功績や行状《ぎょうじょう》、あるいは新命《しんめい》（新たに任命された）住職の人となりなどが、じっくり聞かれるのも、普段とは味わいが異なります。

仏教では、晋山式に限らず、あらゆる修行や法要を「行事」ではなく、「行持」と言い習わしています。それは、単なる儀礼や催《もよお》しではないからです。

「行」は仏道であり、「持」は身を正し、タモつ（保・守）意味です。常に仏道に照らして修行を怠《おこた》らない、といった信条が、差定の一つ一つに込められていることも、是非、見逃さないで下さい。

それからこの晋山式という行持は、「恒例《こうれい》行持」（毎日・毎月・毎年、定期的に行うもの）に対して、「臨時《りんじ》行持」の中に組み込まれているものです。

実際、その寺においては、数十年に一度あるかないかという、極めて稀《まれ》な大法要ですから、一生涯、この場面に出会えない人の方が、はるかに多いことでしょう。

これを仏教では「難値難見《なんちなんけん》」＝〝値《あ》い（会い）難《がた》く見難《みがた》い〟といい、参列できたことを「勝縁《しょうえん》」として尊ぶのです。

さて、晋山式の「晋」は、〝進〟と同義で、晋《すす》む。「山」は寺の山号《さんごう》です。

僧侶は所定の修行と和尚《おしょう》としての教科を了《りょう》じて、住職資格を得ますが、昔は、縁あって辞令を拝命《はいめい》すると、旅装《りょそう》をととのえて、任地に赴《おもむ》きました。そして、その寺の篤信者である檀家の家に、暫時《ざんじ》、身を寄せ、旅支度を解きます。そのお宅を、「安下処《あんげしょ》」といっています。

晋山式の様子

さて、その就任式が、山に晋む＝晋山式で、一切は寺の財産や檀家《だんか》の寄附で賄《まかな》われてきました。

近年は、副住職や徒弟《とてい》（弟子）が、後継者として同居していることが多く、「内移《うちうつ》り」がほとんどです。

また晋山式は襲名披露同様、事前の手間暇《てまひま》と、多くの協力者（寺関係・檀家）が必要です。盛儀《せいぎ》であればあるほど、経費もかかります。

そうした寺の実情もあり、実際は住職を務めていても、晋山式は先延《さきのば》ししていたのです。こうした経緯も踏まえ、檀家も晴れがましい思いで参列したらいかがでしょう。

但し、慶事《けいじ》とはいえ、先住忌《せんじゅうき》（先代の住職の命日忌）や本葬を併修《へいしゅう》することもあり、この場合は、華美《かび》な装飾を慎《つつし》んだ方が無難といえます。

【仏教情報センターについて】

著者が顧問をつとめる「一般社団法人　仏教情報センター」は、有志僧侶150名余が宗派の垣根を超えて集まり、「仏教テレフォン相談」を中心として、「いのちを見つめる集い」、各種研修会の運営など、〝人に　社会に　よりそう仏教をめざして〟をスローガンに活動を推進しています。

「仏教テレフォン相談」のご案内

日々の暮らしの中で、何かお困りの時はお気軽にお電話ください。各宗派の僧侶がお応えしています。ご相談は無料です。

☎ 03−3811−7470

※月曜～金曜の午前10時～12時、午後1時～4時。
※祝日・年末年始・彼岸・お盆の時期は休室。

《仏教情報センター連絡先》

〒113−0033　東京都文京区本郷1−4−6　ヴァリエ後楽園202号
☎ 03−3813−6577（代表）　FAX 03−3813−6794
ホームページ http://bukkyo-joho.com

【著者紹介】

鈴木 永城（すずき・えいじょう）

昭和18年（1943年）東京都生まれ。駒澤大学仏教学部卒業。

高校２年生の時に、一般家庭より曹洞宗にて出家得度。現在、東陽寺（埼玉県春日部市）東堂。実伝寺、宝昌寺（いずれも茨城県かすみがうら市）住職。曹洞宗関東管区教化センター布教師会顧問。上尾中央看護専門学校、埼玉県立大学認定看護師教育課程非常勤講師。

仏教情報センター顧問・名誉会員。同センターでは、事務局長を３期６年、理事長を７期14年つとめた。

著書に『お経の意味がよくわかる本』『仏教とじかにふれ合う本』『お経の意味がやさしくわかる本』（以上・河出書房新社）、『仏教世相百態』（国書刊行会）、『あなたの疑問に答える　仏教なんでも相談室』（大法輪閣）など多数。

〈初出誌〉

本書は、月刊『大法輪』(大法輪閣刊) での連載「仏教なんでも相談室」より、2013年6月号～2018年9月号掲載分のなかから54の記事を選び、著者が加筆・改訂し、再編集のうえ単行本化したものです。

あなたの疑問《ぎもん》に答《こた》える　続《ぞく》・仏教《ぶっきょう》なんでも相談室《そうだんしつ》

2018年 11月 10日　初版第1刷発行

著　者　鈴木永城《すずきえいじょう》

発行人　石原大道

印　刷　亜細亜印刷株式会社

製　本　東京美術紙工

発行所　有限会社 大法輪閣

〒150-0011 東京都渋谷区東2-5-36 大泉ビル2F

TEL (03) 5466-1401 (代表)

振替　00160-9-487196番

http://www.daihorin-kaku.com

ISBN978-4-8046-1410-6　C0015